目录

第一章 转型之痛

成功是无规律可循的偶然

失败是能够推倒的必然

陈欧的“美丽阵痛”

聚美优品在美国遭遇集体诉讼的导火索，是其正在中国市场调整的业务模式。经过前期大跃进式的虚假繁荣之后，聚美优品希望放弃第三方平台模式，以直营模式回归到零售本身。但是，由于美国电商业不如中国电商业复杂和发达，因此遭遇投资人的法律非难。

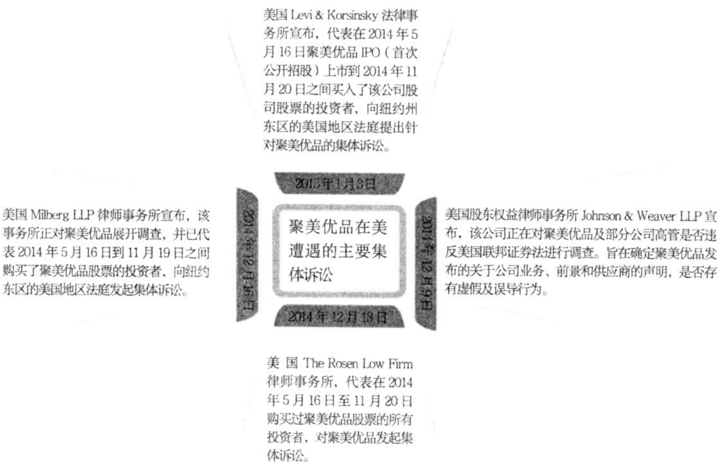

2014年，对陈欧和他的聚美优品来说，是历史性的一年。2014年5月，聚美优品在创业四年后，终于成功在纽交所上市。但此后，聚美优品股价连续下滑四个月，股价缩水65%！更为要命的是，当年12月底，美国部分律师事务所及国内一家律师事务所对聚美优品发起了集体诉讼，理由是聚美优品存在“发布虚假和误导性的财务声明，未透露销售模式变化引发了财务状况变化等相关实情，从而导致投资者受损”的行为。该事件持续发酵，并延至2015年。

遭遇诉讼的内容，主要指聚美优品发布了错误和误导性的声明，以及未能披露如下信息：聚美优品正在改变营收模式，从市场服务（电商平台服务）转向商品销售；这种转变令聚美优品此前成功的财务表现面临重大风险；聚美优品并未如其所称的那样扩大市场服务（电商平台服务）。

可以发现，这些所谓被诉讼的内容，是聚美优品选择的一条新转型之路。但其结果却是，当这些事实为人所知时，聚美优品股价已经雪上加霜，并再次大幅下滑。对此，年轻的80后创业者陈欧，第一次遭受前所未有的非难和压力。

转型，必然要承受重压

受在美集体诉讼影响，陈欧及他的聚美优品深受舆论诟病，但客观来说，聚美优品的转型行为，实际是试图为其明天的战略做铺垫，如果只是依此就否定聚美优品，还为时尚早。

中国公司在上市后备受质疑，聚美优品不是第一家，也不会是最后一家。从新东方、奇虎360、一嗨，再到阿里巴巴等，无一例外遭受过质疑或诉讼，股价也因此出现过巨大波动。这些公司，均要经过很长时间的努力，才能抹平因此带来的冲击创伤。在这背后，的确很难排除利益机构的操纵。

但是，对于聚美优品的解读，不能仅停留在其运营、管理和业务层面，还要站在电商行业、化妆品行业、零售行业，甚至整体经济大势的角度，才有可能直达本质。

引发此次集体诉讼事件的导火索，是聚美优品调整业务模式。说通俗点，实际上是业务模式从第三方平台模式转向直营模式，由此，盈利模式从服务费转向了采销差价。

相对直营模式，第三方平台模式最大的好处是，不需要介入到错综复杂的供应链中，只需要专心做平台，提供基础服务，就可以快速做大规模，维持资本市场所需要的高增长。但是，有利必有弊，祸福总相依，第三方平台模式最大的风险在于，商品质量不可控，难以杜绝假货、水货。产品质量问题一旦爆发，杀伤力巨大。既然风险如此巨大，聚美优品为什么还采取第三方平台模式呢？这得从化妆品行业的现状说起。

从化妆品厂家的角度看，以电商作为新渠道，在整体渠道体系中仍然不值一提。数据显示，哪怕是像上海家化这样的本土企业，省级经销商一年的走货量，都可抵得上聚美优品电商渠道一年的销售额。对于国际大牌而言，聚美优品能带来的走货量更是九牛一毛。所以，对于规模化的化妆品企业，聚美优品在渠道体系的优先级中是非常靠后的，对于国际大牌更是如此。

其次，从化妆品的产品属性看，化妆品的销售对体验试用和情感交流的依赖程度相对较高，这就从根本上决定了未来相当长的时间内，实体店渠道仍将是化妆品厂商渠道中的重中之重，电商渠道则被定位为补充渠道。在这种情况下，聚美优品很难从正规渠道拿到大牌化妆品的货，更毫无争取到低于高级经销商折扣的机会。因此，聚美优品只能以直营销售二三线品牌为主，大牌产品则主要通过第三方卖家方式进行销售。

直至“祥鹏恒业”事件（2014 年，祥鹏恒业公司将全国各地发来的价格低廉的高仿假冒奢侈品，在聚美优品等电商渠道销售）的出现，才让陈欧下定决心砍掉所有第三方平台业务线，转而专注于自营业务。从聚美优品的长远发展来看，这是最为明智的选择。这意味着，聚美优品正式放弃大跃进式的虚假繁荣，回归到零售本身，专注于自身竞争力的打造。

聚美优品主打闪购，本质上还是B2C。时间走到2015年，中国B2C电商市场已经开始进入3.0时代。

1.0时代是当当、卓越、凡客等垂直电商时代；2.0时代是京东、天猫等综合平台时代；3.0时代是在形成京东、天猫两大巨流量平台的背景下，在某些细分领域出现的新垂直平台，如唯品会、聚美优品等。同时，传统品牌开始直接借助第三方平台或自建平台，以网络销售或者O2O的方式切入电商市场。

不同的时代，电商的运作逻辑完全不同。1.0时代是流量为王，品类为王，万马奔腾，拼的是嗓门；2.0时代开始竞争加剧，规模为王，拼的是价格。京东、天猫正是在这样的逻辑下拼掉其他99%的玩家，走到舞台中央；3.0时代电商进一步进化，产品为王、供应链为王，拼的是服务，前端是对消费者的服务，后端是对厂家的服务。

聚美优品原有第三方平台业务在一定程度上，既无法确保对前端销售者的服务质量，也无法确保对厂家的服务质量，长痛不如短痛，将其“切掉”是最适合不过的事。当然，这不可避免会影响到聚美优品的成长速度，但在这种特定背景下，慢就是快。目前整个宏观经济都是新常态，强调有质量的增长，这对聚美优品同样适用。美国投资人不理解很正常，因为中国互联网电商的发展速度已经超过美国。

败诉，也应该义无反顾

从发展角度，聚美优品应该坚定不移走自己的路，哪怕在集体诉讼中败诉，这是因为战略正确。但是，在聚焦上，还需要注重两点：

第一，专注女性用户，以化妆品为核心，拓展相关业务。从第三方回归到直营，最大的调整在于从“麻袋装土豆”到“一根针顶破天”。聚美优品应少一点一味迎合资本市场，多一点“专注”精神。专注于女性用户，坚持产品为王，服务为王，利用二三线品牌快速做大体量，然后以规模获得部分一线化妆品品牌的认可，再进一步做大体量，打造“规模—品质”的自循环体系。

在此基础上，基于既有女性用户的“美丽”需求，拓展相关品类，如服装、鞋包、母婴等产品。虽然服装相对来说运营难度更大，但毛利率也更高，提供了更广阔的增长空间。

第二，借跨境电商之东风，成为这一细分领域的龙头。随着中国中产阶层崛起，消费升级成为短期内驱动中国商业升级看得见的力量，以及“海淘一族”规模的不断壮大和消费规模的急速扩张（据相关数据，2013 年，“海淘”市场规模已超过1000亿元，且以每年翻倍的速度在快速增长），为电商市场带来新的增长曙光——跨境电商。

2015年是跨境电商元年，大量的海外高品质消费品通过跨境电商这一渠道流入中国，进入中国庞大的中产阶层家庭。根据海关总署统计，护肤美妆、婴幼儿食品、服饰、保健品、电子产品这五类消费品是“海淘一族”最热衷购买的。这对聚美优品来说是再好不过的消息：一是无论产品还是用户定位，与聚美优品的契合度都非常高；二是目前这些商品多数只能通过原始的转运方式实现，聚美优品直营模式无疑很有吸引力。

据了解，聚美优品已经成为化妆品跨境电商的“领头羊”。2015年为了“试水”自贸区概念，抢占自贸商机，聚美优品把店庆5周年活动的进口物流配送主要业务，放在了前海湾保税港区。该企业相关负责人表示，在保障跨境电商货物的顺畅通关方面，前海湾保税港区满足了企业24小时运营的要求，保证了“当天下单，次日配送”。聚美优品物流部副总监耿星非常看好跨境电商业务的发展。他认为：“这将有利于我们进一步控制进出口物流成本，给企业带来更大的利润和更多的商机。”

而说到跨境电商未来的发展，聚美优品方面也曾表示，在化妆品类之后，聚美将会继续发展母婴、轻奢类商品。“我们准备从单一的化妆品类转型做到整个中国跨境电商的第一。”

2016年3月，电商聚美优品将有5000单进口产品从保税区通关进入国内。这说明聚美优品成功渡过跨境电商的试水阶段。

周凌峰点评

1.聚美优品作为上市的公众公司，在战略转型时，如果不发布错误和误导性的声明，而是及时与资本市场沟通，并发布相关信息，不但不会面临集体诉讼之苦，还可能会得到相应的支持。聚美优品的做法，说明中国的上市公司不熟悉美国的资本市场，不懂得资本市场是公司治理的外部监督之构成部分。这是中国公司在美国上市应该吸取的教训。

2.聚美优品承受各种压力坚持战略转型的举措是难能可贵的。聚美优品为什么要转型，我们从当下公布的材料中无法得到更多的信息，根据我们所能得到的信息分析，最关键的一点，似乎就是第三方平台模式的商品质量不可控，难以杜绝假货、水货等带来的高风险，加上“祥鹏恒业”事件，促使聚美优品下决心转型。通过转型，聚美优品将业务模式从第三方平台模式转向直营模式，将盈利模式从服务费转向了采销差价。如果仅仅是因害怕风险而转型，没有看到控制风险、转移风险、驾驭风险所带来的好处，或者没有充分分析转型做直营模式有哪些好处或坏处，说实在的，笔者对这种转型不是太看好。未来到底如何，我们拭目以待，期望聚美优品有良好的表现！

苏宁电商七年之痒：退败将是必然

自2009年开通网销以来，苏宁的电商转型之路已近七年。尽管通过大量资源投入到旗下的电商平台苏宁易购，并追到市场前三位置，但和第二名京东的差距，反而越拉越大——市场份额不及京东1/10，增长速度不到京东一半。

根据苏宁云商（以下简称苏宁）2014年第三季度财报，公司营业收入285亿元，同比增长15.9%，其中电商平台苏宁易购为84.64亿元，同比增长52.26%。张近东终于稍微松一口气。

但“松一口气”不代表苏宁重回巅峰，相反，其苦日子刚刚开始。根据对苏宁2014年第三季度财报分析：1.尽管苏宁营收中有1/3来自电商，且上升趋势明显，但放在市场大盘看，苏宁易购的市场份额不是扩大，而是在缩小，以易观国际的统计为依据，苏宁易购与第二名京东的市场规模相比，出现了高达3.5倍的差距；2.从历史数据看，2014年一季度亏损4.34亿元，二季度亏损3.22亿元，三季度亏损

2.85 亿元，预计四季度亏损在 1.5 亿元内，虽然从趋势看，亏损在收窄，但在线下萎缩和线上被甩开的大背景下，何时能“弯道转直道”仍是未知。

电商，一件华丽的外衣

苏宁并非不努力，相反，它是最早感知互联网并较早做出改变的企业。同时，作为上市公司，苏宁使出浑身解数，调动所有资源，期望能赶上大互联网时代的零售节奏。那么，问题出在哪里？

问题还是苏宁对这个时代认识得不够彻底，以致无论在战略还是战术层面，都出现偏差。这得从苏宁的崛起说起。苏宁起家于空调业务，在上世纪 90 年代初，依靠“人性化的服务 + 更低的价格”，逐步演化出后来横扫中国商业零售的“苏宁模式”——在黄金位置开设家电专业门店，形成区域内的渠道垄断；然后通过渠道垄断反过来“吃”上游供应商，获取高额的后台毛利，更为重要的是，通过延长供应商的回款周期，形成巨量的现金流；利用此现金流再大量开店，直至在一市、一省甚至全国形成垄断性的门店终端体系，最终形成对消费者和供应商的控制。

随着规模的快速扩张，基于零售体系，苏宁内部形成一个巨大的“资金池”，然后将此“资金池”的资金投入高回收能力产业（房地产）领域。由此，最终演化出全新的商业模式，即“商业＋地产”模式：商业零售待结货款形成巨额“资金池”，然后通过此巨额资金投入房地产行业获取远超主业的收益。

但是，时代变了，互联网和移动互联网走到了舞台中央。如果说，苏宁是店商时代的终极杀手，那么电商和移动电商就是苏宁的终结者，虽然苏宁也在做电商。

为何？

店商时代打的是阵地战，拼的是位置，靠的是地面部队，位置（选址）决定一切。苏宁通过“商业＋地产”模式迅速做大做强，在地面有绝对垄断地位。当时本土家电企业多数是成长中的中小厂商，基本没有与苏宁抗衡的实力，只能选择与苏宁合作。

互联网和移动互联网时代后，家电厂商发现，突然多了一个攻打市场的方式：电商和移动电商。此方式最大的不同是，可以完全绕开地面部队，直接采取空中进攻的方式，即可完成“瞄准”和收款的工作，剩下的交给物流。而且这种方式还有一个巨大的好处，即可以绕开层层的分销商、批发商，与消费者建立直接的联系。这也就意味着，在电商和移动电商时代，家电厂商可以通过更短的销售链、更快的回款，更直接地与消费者接触和互动。

因此，苏宁模式依托的大规模流通优势从根本上被彻底颠覆。在工业时代，商业逻辑是通过大规模生产分摊成本，从而建立价格优势，树立竞争优势。因为大规模生产，大规模销售成为必然选择。所以，无论是大玩家还是小玩家，即使苏宁们的要求很离谱，也只能忍气吞声。进入互联网时代后，用户分群，产品生命周期变短，小批量、多批次甚至定制渐渐成为市场主流，大规模生产被分化，从根本上降低甚至瓦解大规模销售。

电商和移动电商的出现，是零售行业的一次革命，就家电产品而言，主流销售从店商向电商和移动电商切换是大势所趋。因此，苏宁的衰退是必然。

但是，苏宁易购不就是电商，不就是移动电商吗？

实际上，苏宁易购是电子版的苏宁——无论业务模式还是与厂商的合作模式，都还是传统版的“苏宁模式”，也就是说，苏宁依然以线下的思维和方式在运作线上，苏宁易购只是苏宁线下体系的延伸而已。这就能解释为什么苏宁的历次大动作，都采取线上线下同价、线上线下同品同价策略。这个策略完全是站在苏宁自己的立场，没有兼顾供应商和厂家的利益。网上价格竞争，真正损害的是供应商和厂家的利益，而苏宁为打通自己的线上线下的脉络而实施这一策略。首先必须对供应商和厂家压低进价，以保证自己在进货价和零售价的区间内有利润获取；其次捆绑了供应商和厂家，使得某些产品由于定价原因，被固化在苏宁易购平台上。如果是传统的线下零售时代，鉴于苏宁渠道的优势，供应商和厂家甘愿被苏宁“绑架”，但现在时代已经改变。供应商和厂家的策略是：一方面和苏宁易购维系合作，一方面又和苏宁易购的对手京东等合作，另外还自行开天猫店做独立营销。因此，除了某些定制产品、买断产品，以及大促销之外，苏宁易购在网上的价格优势并不明显，而当前电商竞争的第一核心就是拼价格。因此，苏宁易购实际已经沦为供应商和厂家手里的一个分销商而已。如果还继续坚持线上线下同品同价，苏宁易购很快将被彻底边缘化，也将完全断送苏宁互联网转型的梦想。

机遇将至，能否拽住?

苏宁该去哪儿?苏宁正在大力推行“全价值链的互联网化”，即从前台到后台的全互联网化：“互联网开始深入零售业的内核，零售业最本质的资源，如物流、资金流和信息流等将借助云计算、大数据全方位提升，重建新的核心竞争力。”

应该说，从技术的角度，这些都是苏宁必须要补的课，但比技术更重要的是对市场潮流的把握。无论是电商还是移动电商，都是零售，零售的本质是服务。作为零售企业，服务的对象是两端，即厂商和消费者。思考如何为厂商和消费者同时创造价值、提升体验是根本。

苏宁特别提到O2O融合，但O2O融合的前提是线上线下各自的专业化，苏宁易购需要尽快实现思维切换——从门店思维向互联网思维的切换。互联网思维核心是什么？用户参与，合作共赢。同时，作为转型龙头的苏宁易购，在移动端与竞争对手有很大的差距，这是苏宁下一步发展需要考虑的重大问题，因为移动互联网代表未来，而且，移动互联网的最大特点是多入口、多中心。尽管，和京东联手腾讯（微信）、阿里巴巴收购高德地图一样，苏宁手里有一个 PPTV，但怎么通过这个移动视频终端把流量导向苏宁易购，现在还看不到成效。

就目前来看，并购也许是苏宁切入移动互联网最有效的手段，只是，移动互联网的“名花”可能都有主了。此外，虽然在主流市场零售正在从店商向电商和移动电商切换，但对苏宁而言，二三线市场乃至四五线市场也许是苏宁线下体系崛起的最后机会。从新一届政府的经济政策看，未来将从一线城市为中心的集中式经济格局，向一线城市 + 大量二三线城市的多中心格局转变，以实现资源的均衡化、人口的均衡化和经济的均衡化。因此，苏宁最好的出路是，紧跟经济大势，提前部署，整合集团所有资源，做透二三线市场，带动四五线市场。根据苏宁自身的资源能力，其唯一的优势是在线下门店的服务能力，此服务不仅仅是售前和售中的体验能力，更重要的是售后服务能力，如果苏宁能打造一个覆盖主要厂商主要产品的售后服务联盟，也许将成为其线下崛起并助力整体转型的“核武”。

周凌峰点评

1.站在“利他”的立场，争取利益相关者支持或协助你转型，往往更能促进转型成功。苏宁作为店商的老大，先打出苏宁易购这张牌，在“形”上是往电商方向转型，但在“质”上只是线下模式搬到线上或者是线下模式的延伸而已。苏宁易购在转型时，站在自己的立场上，不但没有兼顾供应商和厂家的利益，甚至压缩他们的利益，自己要转型，偏拉上供应商和厂家垫背，人家自然不会陪你玩，纷纷投向苏宁的对手或自己干。从这件事，我们可以得出一个重要启示：从传统模式转型，不但是思维的改变、商业模式的改变，还是利益格局的重构。这时，应该站在“利他”的角度，只有合作共赢，供应商和厂商才会配合你转型。不管你有多么棒的思维，或是多么好的商业模式，没有利他的角度，就可以说没有找到合作的切入点。

2.企业转型时，过去的成功经验往往是负资产。苏宁通过“商业＋地产”模式迅速做大做强，在地面有绝对垄断地位，日子太好过了，自然没有多少危机感，认为没有多大的必要转型。我们说过去的成功经验往往是负资产，苏宁也不例外。相比之下，京东做电商没有什么负资产，可以说是零资产起步，发展速度自然要远远快过苏宁易购。苏宁转型没有成功，也印证了一句话：没有永远成功的企业，只有时代的企业。不少企业转型不成功，主要原因恰恰是死在过去的成功里，过去的成功经验往往是负资产。

当当网的“新装”

从网上专营图书，到拓展品类，再到开放平台、入驻天猫，以及复制唯品会的品牌特卖模式，当当网一直在努力寻求新的竞争动力。现在它确立了服装战略，然而其试图构建的“买手制”运营模式，却存在三大问题：专业的买手团队何来？在服装领域的精耕能力何在？和第一阵营的电商巨头资源争夺能力何在？

2014 年是电商的“上市年”，5 月 16 日聚美优品上市，5 月 22 日京东上市，9 月 19 日阿里巴巴上市。相比这些后来的上市者，作为中国电商概念股的曾经领跑者——当当网，如今却风光不再，不管是股价还是市值，现在都处于尴尬的地步。

为了补救自己在华尔街的形象，当当网现在一方面需要讲新的故事，以显示自己的存在感；另一方面，也到了必须重新思考既往的战略以及前路何往的问题。于是在 2014 年 9 月，当当网举办了其宣称战略转型以来的第二场时装发布会。但当当网的服装战略很孤独，不仅没有占据行业新闻的头条，更没有引发宿敌京东像过去在图书大战中那样的激烈回应。看起来，当当网的服装战略并没有激起竞争涟漪。

被京东倒逼无奈转型

专注于图书品类的当当网成立于 1999 年，在截至 2010 年底之前的 11 年中，它在和卓越网以及亚马逊的竞争中，并没有遇到过大的阻力，反而建立了自己的市场地位。其真正遭遇的挑战，是从 2010 年底，也就是赴美上市前期和京东的图书大战。彼时，京东上线图书频道，宣称“图书部门五年内不盈利”，对当当的腹地——图书在线销售发起冲击。这一场阻击战，直接导致当当上市后股价震荡走低。随后苏宁易购、天猫纷纷上线图书并加入战团，当当网毛利率直线下降，从 22.3% 跌至 10.5%（2011 年第四季度财报），股价也持续下跌，一直到今天股价始终在发行价（16 美元）以下。

和京东图书大战之后，当当也反思自己的经营模式，2011 年后主打了三个新的战略：

第一，自营品类拓展：加大自营母婴用品，采取类似图书采销模式，与各大母婴品牌合作；推出自有品牌“当当优品”（2012 年 4 月 5 日上线），主要定位为男女服饰、婴幼服饰、鞋靴箱包、化妆品和家居家纺。

第二，引进来：2012 年初宣布开放平台策略，引入服装类、百货类、3C 家电类卖家和商品，其中 3C 类产品与国美加强合作。

第三，走出去：2012 年 10 月 30 日当当正式入驻天猫，开出“当当网官方旗舰店”（图书）和“当当网精品百货店”（母婴用品、家居用品）两家店铺，利用其他平台流量扩大自营产品销售规模。

但这一系列调整并未收到预期效果，根据 2011 年财报显示，当当网当年度整体亏损 2.29 亿元，2012 年亏损更是扩大到前所未有的 4.44 亿元。非图书类产品经营收入虽然逐年增加并且增长较快（2010、2011 连续两年百货类商品经营收入同比增长都超过 150%），但对当当整体收入贡献率依然较低（2011—2013 年百货类收入占比平均值 31.94%）。

2011—2012 年的多品类扩张，导致当当网越来越像一个大“杂货店”，既没有鲜明的品牌和格调定位，也偏离了自身作为采销型 B2C 的战略定位。多类目的上线，导致页面资源被严重稀释，起家的图书类目成了网站的一个子频道，页面主要位置还必须与服饰、家居、电器、手机数码等十多个百货类目共享。

尽管当当网把自身定位为“综合性网上购物中心”，但一方面，从网站流量规模、品牌档次和数量、产品种类和数量上，它无法与天猫、京东等平台比较；另一方面，它又无法像天猫一样实行平台战略坐收租金。因此，当当的转型之路似乎走到了死胡同。

复制唯品会嗅到商机

2012年3月，专注于品牌特卖的唯品会上市，其在2013年股市一路高扬的表现，让当当看到一线曙光。2013年5月，当当开始砍掉经营不善的品类，上线“尾品汇”特卖频道，定位低价销售品牌服装，实际就是完全复制唯品会的品牌特卖模式。

特卖模式又称闪购或限时特价，是服装销售惯常使用的一种库存处理方式，类似于线下的奥特莱斯、上品折扣的模式。这种模式对于近年来库存高启、尾大不掉的服装企业尤为有用，是回收一定生产成本的重要方式。当当采取这种模式的一个显著优势，就是能将图书销售纳入这种模式，与出版社合作，将一些滞销图书通过低折扣方式出清，盘活库存。另外，运营模式都一样，对品牌企业扣点收低一点，当然也有企业愿意参与进来，既然是清库存，哪里能出清都可以，网站少收一点自己还能多剩一点，何乐而不为。这一模式给当当的营收带来显著效果，2013年第二季度财报显示，尾品汇销售已占到当当网服装整体销售额的近一半。

这一尝试给李国庆团队的最大启示是，看到了国内服饰市场的潜在可挖掘空间。中国服饰市场规模巨大，根据国家统计局数据显示，2012年国内纺织服装零售商品销售额达5607.15亿元，并且从2009年开始保持年均27%的强劲增长率，相比图书整体零售市场仅831.49亿元的市场规模和15.59%的增长速度，服饰市场无疑是一个更有潜力的市场。一方面，这个市场太过巨大，任何一家电商都无法完全吃下，淘宝全网2011年服饰（含男女装、内衣、运动服、配饰等）销售规模约1000亿，也仅占全国市场的20%，更大的市场空间等待挖掘。另一方面，服装产品本身具有多样性、更新快、注重穿着体验、难以标准化等特点，当前各家电商都在探寻、创新各种服装销售模式，也意味着服装产品销售模式的创新空间仍然非常广阔。

于是，当当网将战略方向转向重点发力服装品类，2014年6月“新品闪购”频道正式上线，当当网宣称要成为一家“拥有文化底蕴的最大综合类时尚电商”，并扩建时尚编辑团队和买手团队，同时与服装设计师协会建立深度合作，目标是在“6000亿服装市场中拿下600亿”。

三问买手制运营能力

服装行业，对于当当网而言不是一只“黑天鹅”。从当当网披露的信息来看，当当网是要从网上构建“买手制”的运营模式。但这一模式无论在线下还是线上，在国内都遇到不少困难。

首先，买手制的核心在于买手团队和设计团队。买手类似于互联网公司的“产品经理”一职，买手要对本地市场消费能力、流行趋势有深刻洞察，同时对国内外流行时尚有深刻理解能力和精准预测能力，另外需要对产品的研发设计、生产制造、营销销售、产业资源组织协调极为精通，专业的买手队伍是自有品牌的缔造者、管理者和创新者。而国内这方面人才缺口极大。当当网的时尚电商转型能否成功，很大程度上决定于，其是否能在短时间内构建和培养起自己的时尚买手团队。

其次，买手制运营模式实际是要求企业建立自身的产品运营能力，这就需要企业专注和深耕某一行业。从当当目前的动作看，图书作为大本营肯定无法舍弃，母婴家居类作为刚培养起来的高增长高利润点不可能放弃，那么企业还剩下多少人才、精力和资源投入到自营服装人才、产品、营销、渠道培养和建设上来，这是很值得怀疑的问题。但从另一方面讲，当当网作为图书自营网站，图书自采自销模式实际就是图书行业的“买手制”，并且拥有“当当优品”等自有品牌建设的实践经验，对买手制运营模式应该不陌生，但对其中的难点和要点就更需要重视。

另外，从当前国内电商市场的竞争环境看，随着京东、阿里巴巴等一大批电商企业的上市，各大电商网站对流量、客户、优质品牌和产品以及产业资源的争夺只会愈演愈烈，相应人才、营销、系统、技术成本将持续上升。当当网能否以现在的身家去与各大电商抗衡，很值得商榷。

总体来说，当当网的此次转型，将国外流行的买手制商业模式搬到国内，对于打破国内电商专注线上拼广告和流量的竞争模式，是一次非常好的尝试，但在转型过程中涉及的定位、人才、营销、渠道等问题如何解决，还要对下一步当当网管理层的具体举措拭目以待。

附文

“买手制”运营模式

买手 (buyer) 是时尚潮流最前沿的一种职业，起源于上世纪60年代的欧洲。按照国际上通行的说法，买手指的是往返于世界各地，时时关注最新的流行信息，掌握一定的流行趋势，追求完美时尚并且手中掌握着大批量订单，以服装、鞋帽、珠宝等基本货物与供应商进行交易，组织商品进入市场，满足消费者不同需求的人。他们必须站在时尚潮流的最前端，了解行业规范，适时地在其中赚取一定利润。

通过买手进行经营的方式，就是买手制运营模式。在中国，近似于买手的职位是跟单以及采购，但是这两种职业仅仅是在做买手工作的一小部分而已。实际上，国内长期缺乏职业的服装买手。

周凌峰点评

1. 当当的战略明显是以机会为导向的，什么赚钱做什么，业务更多的是模仿和跟随。当当从图书起家，做到了中国图书电商老大，也曾是中国电商概念股的领跑者，在人们心目中当当就等于图书。笔者购书，几乎都是从当当上购买，从来没有买过当当的其他产品。母婴用品模仿聚美优品，搞出个“当当优品”；还入驻天猫，开了“当当网官方旗舰店”（图书）和“当当网精品百货店”。假设当当向相关品类市场，如教育、文化用品延伸，模仿人家采用“当当优品”还可以理解。

2. 迫于市场竞争，随着竞争对手（如京东）翩翩起舞，丧失自身差异性和原有优势。迫于市场的竞争，尤其是京东加入图书市场之后，当当反而切入家电市场，并涉足 3C 类产品与国美加强合作。其实当当完全没必要担心京东竞争，反而应该高兴，不应该乱了阵脚，当当完全可以进一步向市场显示自己是图书电商老大地位，夯实原有的定位。有时，不争反而是最好的竞争！

3. 从专家型电商品牌转向综合类电商品牌，“饼”似乎越做越大，但盈利能力并不看好。2011—2012 年的多品类扩张，导致当当网越来越像一个大“杂货店”，既没有鲜明的品牌和格调定位，也偏离了自身作为采销型 B2C 的战略定位。

4. 给当当的建议：

A. 从图书电商逐步拓展到文化、教育用品，进行相关品类拓展。其实，这个市场已经足够大了，几千亿没有问题。

B. 要改变以机会为导向战略的做法，拿出足够的勇气和定力，同时向资本市场释放信息，保持良好的沟通，而不是迫于资本市场短期绩效的压力，这是对企业家真正的考验。

第二章 品牌老化

成功是无规律可循的偶然

失败是能够推倒的必然

波司登，零售大撤退

波司登，作为中国羽绒服行业的标杆企业，却和多数服装企业一样陷入关店潮。仅在 2014 年，其关店高达 3550 家，创下公司有史以来的渠道减缩纪录。该公司在其财报中对此表述为“大幅缩减，是公司在利用淡季对地域和商圈进行扫描评估”，但实际原因，既有因为给国际快时尚 GAP 进行贴牌加工，造成“以己之矛攻己之盾”的问题，也有在多品牌战略上驾驭能力不足的问题，更有产品、品牌老化严重脱离 80 后、90 后主流消费群体的需求对接问题。

作为国内羽绒服品牌的龙头企业，波司登曾陷入一场公司有史以来的关店潮。这家中国本土最大的羽绒服生产商，从 2014 年 3 月 31 日至 9 月 30 日的六个月中，马不停蹄地关闭了 3436 家羽绒服零售网点，而在之前的 2013 年，其已经关闭 1357 家羽绒服销售网点。

波司登具体的关店披露信息中显示：主营的羽绒服业务的零售门店净减少 3436 家至 8216 家，其中的自营零售门店净减少304家至3519家，第三方经销商经营的零售网点净减少3132家至4697家。但实际上，波司登关店数量还不止这些，如果算上该公司旗下非羽绒服业务的114家门店关闭数，波司登2014年的关店总量合计高达3550家，相比2013年关闭1357家门店，其关店增速达到了62%。

与此同时，和关店增速相对应的是，波司登的业绩也出现大变脸。2014年关店期间表现的业绩是，收入虽然小幅增加，但利润却大幅下跌——营业收入28.49亿元，同比上升1.4%，净利润2.53亿元，下滑22.5%。就业绩状态，波司登的解释是，由于通过公司贴牌加工，以及非羽绒服业务的开展，在增加公司收入能力的同时，降低了利润比例。

从财务披露中显示，在波司登最核心的羽绒服业务上，收入同比下滑约19.2%，占公司总收入的49.8%。波司登对此表示，该阶段主要在消化库存，并为品牌重新定位。然而，实际上，羽绒服业务下滑的主要原因却是波司登在2014年实施了公司历史上最大规模的关店策略。

波司登如此大幅削减店面的做法，让业界哗然，甚至有人说波司登会是下一个李宁，但波司登对此却认为“一切皆在掌控之中”。公司高层表示，零售转型是公司的长期策略而非短期的无奈之举。同时公司财报也表示，大幅缩减是公司在利用淡季对地域和商圈进行扫描评估。销售渠道的梳理整合是为了渠道合理布局、避免重叠的必要举措。然而，从波司登门店收缩之快，直营比例上升之迅速，不难看出波司登需要加快转型的迫切心情。但是，缩减店面真的就能解决问题吗？

据波司登发布截至 2015 年 9 月 30 日的中期业绩报告显示，2015 上半财年波司登实现营业收入约 25.64 亿元，总体收入较上年同期下滑约 10%。受国内宏观经济环境影响，国内服装行业依然面对巨大挑战，国内市场消费需求依旧疲软。对此，波司登在报告期内采取了比较谨慎的方式，通过积极清理库存及实施严格的生产计划，总库存较去年同期下降近 4 亿元，降幅达 14.8%。而另一方面，严格地执行清理库存策略也难免导致了波司登羽绒服业务收入下滑约 14.6%。

为 GAP 代工，却反伤自己

2012 年开始，国内服装行业就从天堂慢慢地飞回人间，随着国家经济增速的减缓，服装行业的需求衰退来得突然且程度超出预期。企业饱受成本上升、规模经济优势递减的内部困扰，同时也迎来了国内电商和国外快时尚品牌的外部冲击。

然而，虽然几乎所有的大牌企业都看到了电商的影响，也大肆宣扬要做 O2O，但在行动上却都迟迟不前。波司登就是典型的例子之一。多年来，波司登一再强调要探索 O2O，提出线上线下比翼齐飞，但行动上却停滞不前。理念上，波司登表示将建立集团共有的客户关系管理（CRM）及VIP管理系统、拓宽在线销售渠道、确立在线品牌运营规划，探索线上线下互动，并规划建设移动终端，将二维码、微信营销等与实体店结合共同发展。但时至2015年还在理想与现实间徘徊，没有实质性的进展。

当国内多数服装企业抱怨国外快时尚品牌入侵的时候，当王府井大街上NIKE店都要给H&M让位的时候，波司登的处境却只能用"哭笑不得"来形容。2014年3月至9月，在波司登的收入中，品牌羽绒服的收入比例同比上年下降了12.7%，而贴牌加工比例却上升了12.2%，整体收入也提升4亿余元。而贴牌加工的主体就是国际快时尚品牌GAP等。可以说，波司登是以己之矛攻己之盾，成也代工，失也代工。

一方面，由于代工为波司登稳定了收入能力，使其在国内服装行业整体收入下滑的情况下，给自己打了一针强心剂。虽然自身在大幅削减店面，但是整体收入没有受到影响，稳定的收益能力，是保障企业稳定发展的关键。然而另一方面，一个国内顶级品牌为国外快时尚代工，不但增加对方在同质性产品的竞争力，也削减了自身的品牌定位和形象。在产品设计方面，国外快时尚品牌在需求掌握、潮流引领上都具有较强的竞争优势，因此，在波司登原有的羽绒服市场，由于其代工给快时尚带来了品质附加值，波司登作为国内龙头的品牌形象也形成了此消彼长之势，将多年建立的品牌价值，随着代工一并赋予了快时尚，而自己只留下了代工的低端形象。

波司登代工的初衷不是简单地去做产业链的低端，而是通过代工掌握国外知名品牌的流行与发展趋势，学习他们在设计、生产、营销等方面的成功经验，为自己走出去积累经验。但事实证明，经验不是靠代工学来的，如果代工可以取代原有品牌的地位，那么现在满街的 PRADA、LV 早就换成中国品牌了。

有钱任性，却无法高大上

波司登在 2012 年就提出“四季化、多品牌化、国际化以及以羽绒服为核心，做强做大羽绒服业务”这一“3+1”的战略定位。然而，从最终表现出的业绩现状不难看出，战略目标与战略实施路径的不匹配，造成了波司登理想丰满、现实骨感的现状。

早在 2009 年，一向怀有雄心大志的波司登集团董事局主席高德康就开始提出向四季化转型，并着手开始进行大规模的并购——男装、女装、童装都有所涉猎。其中 2013 年公司以 4000 万元拿下英国男装品牌 GREENWOODS，是其四季化战略的重要举措之一，是其国际化战略的重要布局，同时也是又一次让大众费解的决策。早在 1994 年，波司登的产品就已经开始在英国市场上销售，当时主要采取的方式是供货给代理商。2005 年，波司登男装以自主品牌进驻英国连锁商 GREENWOODS 在全英的几十家连锁店。而 2011—2012 年，波司登陆续撤掉了原来的专柜和店面，宣称 GREENWOODS 档次不太高，地理位置也不是很好，不符合公司的定位。时隔一年的并购就让大众对波司登的战略定位更加质疑。在英国，无论是重金投入、高端品牌宣传还是不断打通渠道，波司登都是在其不了解的区域开展了不擅长的业务，20 年的探索也未让它在海外市场大放异彩，留下的只是各种唏嘘。

另一方面，在国内，波司登就像是羽绒服的同名词，其非羽绒服的业务，首先不被大众所普遍认知，其次也未在自有领域中凸显优势。如波司登近几年并购以杰西为首的多个女装品牌，多数大众很难将这些品牌与波司登联系在一起，而波司登在羽绒服领域的擅长，也往往会让消费者产生其在其他领域不专业的疑心，因而，波司登的各种并购不但没有将品牌优势扩散，反而模糊了自身的品牌定位。多品牌的产品组合本意原是提升抗风险能力，增加收入源，巩固品牌地位，建立垄断优势，然而结果却是主业优势的衰退，辅业协同的丧失，整体收入的下滑，品牌形象的模糊。

同时，由于波司登近年来将精力分散在多元化、国际化的发展上，原有在羽绒服市场的优势地位也受到了威胁。在当今 80 后、90 后乃至 00 后消费者的口碑中，普遍会认为波司登羽绒服产品的设计和品牌形象属于中老年，不是他们追求时尚的目标。如果波司登不重新定位品牌形象、客户需求，那么未来作为消费主力的年轻人将彻底抛弃波司登。

出路在于能否颠覆自己

尽管波司登目前面临着各种危机，但其在行业内的龙头地位暂时还不会改变，只是已经出现松动。波司登之所以如此险象环生，根源就是战略规划问题。首先是战略目标、战略愿景的适应性问题，和国内很多优秀企业一样，波司登有在世界舞台一展风采的愿景，却没有脚踏实地因地制宜的路径；其次是战略执行问题，波司登在战略执行的过程中，缺少根据环境变化的动态调整；另外在营销战略、品牌战略等方面定位不清晰，造成了现阶段的窘境；最后，企业发展核心是人才，波司登近两年一直在频繁换帅，这一行为说明，波司登对现有高管层缺乏信心，同时试图用实验性的任命方式，寻找合适的人才。

波司登下一步到底应该怎么走？从业务角度，有两个选择，或是回归羽绒服主业，或是砍掉多品牌。选择前者也很难，因为羽绒服市场已经饱和，而且通过早期扩张，波司登已占有绝大多数市场，很难再有增量空间，除非波司登能解决品牌老化问题，能够洞察、迎合年轻消费者个性、时尚的特点，让波司登无论是产品设计、颜色搭配，还是品牌潮化方面，都出现质的颠覆，才能在现有市场份额中出现更大的量化消费，否则可能继续出现业务衰退。而要砍掉多品牌，意味着此前的投资全部打了水漂，为今之计，最好的办法就是将它们从公司中各自独立出去，并自负盈亏，有成长能力的，继续支持，甚至帮助做大，而亏损或不被市场认可的，则实施关闭。另外，从渠道方式上，除了电商手段之外，还应该转换移动互联网思维，引入更多的 80 后、90 后人才，组建全新的互联网团队，推进 O2O 建设，实现线上线下一体化发展等等。

周凌峰点评

1. 波司登给行业龙头变革或转型上了很好的一课，其转型过程中充满了思考、痛苦和教训。顺势者昌，逆势者亡。在趋势面前，企业不但要勤于思考，更需要有“革自己命”的胆魄和勇气。颠覆自己，或革自己的命，才有可能获得新生。

2. 还是那句话，不要为赚钱而自降身份，如为国际快时尚 GAP 进行贴牌加工，就像一个“中国”大家闺秀为外国小姐拎包，赚丫鬟的小钱，虽然账面上好看些，但你已经变成丫鬟了，不再是大家闺秀了。显然波司登这一做法是没有经过成熟思考的，是站在自己的立场上思考问题的结果。

3. 给波司登的建议：

A. 即使波司登羽绒服在人们心里的定位是属于中老年服饰，这又有何妨呢？未来中国加速老龄化，而且中老年有足够的积蓄，是个巨大的市场，为什么一定要适应年轻人的胃口呢？波司登羽绒服就做中老年羽绒服，继续深化这个定位。对于未来年轻人，完全可以另外建立一个新品牌，去适应年轻人的需求。因而，是否要对波司登重新定位，笔者认为要慎重，与其重新定位，还不如保持和深化原有定位。

B. 去掉华而不实的战略定位：波司登在 2012 年就提出“四季化、多品牌化、国际化以及以羽绒服为核心，做强做大羽绒服业务”这一“3+1”的战略定位。然而，把战略做得尽量简单，也才更容易付诸实施，这是笔者给波司登的忠告，希望波司登不负众望，砥砺前行。

李宁连续巨亏的隐情

通过渠道复兴计划以及加大直营店的布局，李宁意图重塑商业模式，但是相比对手，动作仍然过慢，尤其是在品牌定位上，其主张的“让改变发生”，依然没有呈现出爆炸性的改变。因此，李宁公司的冬天还将长期持续。

报亏 5.86 亿元人民币——这是李宁公司 2014 年度的中期业绩，对比 2013 年同期亏损 1.84 亿元来看，似乎李宁还处在艰难时期。但是，中报显示的也不都是悲观的数字：上半年实现收入 31.37 亿元，同比增长 8.0%；毛利 14 亿元，同比增加 10.51%。

相对于 2012 年年报 19.8 亿元的巨亏，李宁公司处于缓慢的回升和调整期。李宁公司转型的方向是正确的，与行业主题也是一致的，只是步伐落后，需要消化的历史负债也太多。李宁太需要时间。

草率疾行

北京奥运会后的第二年，李宁达到了公司事业的巅峰。当年业绩达到 83.87 亿元人民币，首次超过大陆市场上的阿迪达斯，店铺总数达到 8156 间，遍布中国 1800 多个城市，并且在东南亚、欧洲等地区拥有多家销售网点。

好风借力，李宁试图借势再烧一把火，将李宁品牌彻底推到“在本土与阿迪、耐克竞争，同时走向国际化”的一线高端市场定位，为此，李宁祭出了一套组合拳：换标，换广告语，重新定位，提价，多元化。

对于李宁标识从“L”形变更为“人”形，有不少消费者不喜欢，但是见仁见智，大部分企业换标识都会使消费者产生一段时间的不适应。总体上新标识更加生动、热烈，又有继承性，现代感增强不少。“让改变发生（make the change）”的新口号，求变、突破的个性阐释，具有李宁这样的冠军特性，但是与舒适、动感、时尚这样普通人的诉求有较大距离，偏离了运动本身。

李宁公司敏锐感受到 80 后、90 后成为消费市场主体的变化，很快地做出改变，但已经被广泛证明是一场错误的没有盯住新客户、反而丧失老客户的定位。品牌与价格固然一体，但李宁错误地理解了二者的顺序。在高端品牌定位没有建立起来之前，李宁产品属于价格导向型，而非品牌导向型。连续提价失掉了原来的性价比优势，将消费者推向安踏、匹克。李宁的多元化伴随着多品牌，产品组合宽度过广，分散了资源，不能对主品牌形成贡献，而阿迪达斯紧密围绕运动属性进行品牌拓展，采用不同的标形进行区隔，而主品牌没有变化。

敢于突破、勇于挑战的李宁，没有采取稳健的战略升级策略，与此同时，李宁将中国奥委会战略合作伙伴的位置拱手让给了安踏，同时失去的还有行业霸主的位置。可以说，李宁选择战略升级的思路本身没有错，但是路径和手段非常草率，因此，只能为过去的策略失误买单。

痛苦变革

品牌升级的失败，造成了业绩下滑、股价大跌、库存积压和高管离职。2012 年 7 月，李宁公司引入战略投资者 TPG 资本，并任命其合伙人韩裔美国人金珍君为代理行政总裁，开始了力度空前的转型计划。

金珍君主导的转型计划包括“三步走”：第一阶段着力解决存货、成本、组织执行能力、渠道、专注核心业务和改善营销效率等六方面的短期问题，事实上，库存、渠道都已成为长期问题；第二阶段，主要改善供应链管理、营销和产品规划模式，巩固内地市场；第三阶段着手改造业务模式，提高零售效率和投资回报率。

李宁公司半年报显示，截至 2014 年 6 月底，存货从

2013 年末的 9.42 亿元增加至 10.89 亿元，接近于 2012 上半年 11.38 亿元的最高点。库存仍然存在较大压力。但管理层还是乐观的，认为旧库存已经基本清理完成，剩余约 10% 旧库存都积压于最弱渠道伙伴手中，并且存货结构中，新品库存占比增长至 50%，新品销售已快速增长。

此次半年报中，存货与长期应收账款的增加，也与清理能力较弱的渠道伙伴有关。此前李宁采取分销批发的形式销售产品，分销商不单独以“李宁牌”开设专门店，而是同时销售其他品牌产品。为改变分销渠道效率低下的状况，李宁公司实施“渠道复兴计划”，耗资高达 14 亿元至 18 亿元，希望彻底摆脱传统的批发业务模式，淘汰了部分经销商，关闭了大量门店，回购、整合销售渠道，转为零售业务模式，加大直营店的布局，重塑商业模式。

销售周期的提速也在逐渐实现。曾经，李宁一款产品的产销周期是 15 个月。通常，国际品牌从设计、成衣到上市只需要 120 天。如今，快时尚彻底打破市场的节奏，GAP 为 90 天，H&M 为 21 天，ZARA 的橱窗每 20 天换一次新款，各品牌都在努力快速把握消费潮流和偏好。现在，李宁已经能够做到部分产品从识别需求到摆上货架只需三四周。过去一个季度一次性发货给 60 个工厂工作就结束了，现在可以直接管到几千家店，一个月就发货两三次。李宁目前正在努力适应新供应链模式对管理、物流带来的极高要求。

在品牌升级过程中，李宁曾花大价钱签约NBA稍纵即逝的新星，甚至请林志玲做代言人，因而被广为诟病。在本次转型中，李宁的品牌策略更为聚焦。虽然主动放弃与中国国家体操队的合作，对于李宁本人而言是痛苦的选择，但对李宁公司来说却是聚焦的体现。今后李宁将在篮球、跑步、羽毛球、训练和运动生活五大核心品类发力，这些是运动产业中更有发展机会的领域，而不是与核心战略挂钩的赞助将被砍掉。相反，李宁以重金击败耐克、安踏，夺下了CBA联赛5年赞助合约，还斥资1亿美元与NBA超级球星、2011—2012赛季总冠军球队迈阿密热火的德维恩·韦德签下了10年合约。

综上所述，李宁公司的报亏是转型中对旧有模式的清算，如同割掉毒瘤，行业地位、财务指标都不是目前的管理团队最关注的问题。这次彻底的转型，可能会换来健康的新商业模式、市场周期，并将原来因策略失误而掩盖的问题显性化，总体来说也不是坏事，李宁需要向稳健运营的模式加速前进。

重塑过慢

清理库存、品牌零售早已是行业共识，只是同行业对手如安踏动手更早、更坚决。关店、发展O2O几乎成为行业标签。由于上一次李宁升级模式的失败，李宁转型的包袱要重一些。可以看到，李宁正在艰难但是稳健地实现转变，不过，目前李宁公司的精力有限，对于快时尚、移动互联网时代的变革，仍然疲于应付。

品牌理念仍需重塑。2010 年的品牌升级至今，李宁的品牌定位依然不清。究竟是打“亲和性、民族性、体育性、荣誉性”的牌，还是主攻“年轻、时尚、新潮、动感、运动”这类元素，目前仍未得到体现。

在品牌的具体呈现上，从李宁门店来看，仍然比较单一，门类较少，类别划分不够清晰，不同年龄段的定位有简单区分但不够清晰。李宁品牌代言与赞助的聚焦值得肯定，也是目前资源有限条件下的合理选择，但仍要看到，耐克与阿迪请不同代言人进行不同产品类别的区分，是抓取全年龄段消费者的有力武器。最主要的问题是，李宁产品的色彩与款式比较中规中矩，离年轻人心目中的“酷”差距较远。从行业近年来的实践来看，定位于几零后、几线城市不重要，“抓住孩子、年轻人的心，带动成年人”是一条主线。甚至消费者并不关心你的渠道是否是直营店，喜欢、买得到是最重要的，目前几乎不存在是否买得起的问题。

年轻人对李宁产品的关注少，一方面源于任何体育明星都会成为过去，另一方面也是对举国体制下的体育明星不感冒，因此运动的大众路线是未来的发展方向。李宁本身也在逐渐从冠军、运动员向商人回归。李宁产品正在从原来的羽毛球、体操、射击、跳水等过于职业化的项目，转向篮球、跑步、羽毛球、训练和运动生活五大类，但仍然要向田径、足球、网球拓展，这些领域民众基础庞大，市场化程度高，也代表全球大部分消费者的喜好。李宁曾经与足球联系紧密，请李铁代言并开发“tie系列”足球鞋，但在其产品设计中，足球元素基本看不到，李宁应建立合理、稳定的品牌导向。

由于李宁公司近年来对外沟通逐步减少，公众对其内部的信息和策略知之较少。关于李宁的公开报道基本上以半年报、年报为周期，中间存在较大的断档，对于李宁公司何时能够完成调整不得而知，但李宁的市场基础和品牌影响力仍然是巨大的，只要抓住最重要的消费者层面，随着商业模式逐渐健康化，只要不再出现重大失误，李宁的重新崛起可以期待!

周凌峰点评

1.战略路径依赖，选择就得承担结果。李宁选择战略升级的思路本身没有错，但是路径和手段非常草率，仍然在为过去的策略失误买单。显然，李宁的战略升级没有经过严密的战略质询。产品质量有质检，战略有质检吗?一个不成熟的战略，会让企业投入大量的资源（财力、物力、人力）而收效甚微；当发现错误时，想改变或撤出时也绝不是轻而易举的事情，这就是“战略路径依赖”！如何检验战略制定的质量？如何考察战略制定的严密性？如何考验战略的根基是否牢靠？战略质询会不失为一种最佳的检验方式。通过严密的组织，以战略质询会的形式，以教练式辅导方式，向战略拷问49个问题，让公司的战略根基稳固，上下同欲，有效实施。

2.为什么李宁会重塑过慢？李宁的品牌定位依然不清，打的牌太多，如“亲和性、民族性、体育性、荣誉性”的牌；关注的要素太多，如“年轻、时尚、新潮、动感、运动”；要抓的人太多，如留住孩子、年轻人的心，带动成年人。总之，品牌诉求多，关注元素多，要吸引的消费群多，导致不聚焦，重点目标不突出，定位自然不清楚，后面的重塑工作自然缓慢。很多时候战略转型或品牌重塑缓慢，往往不是执行力不够，而是战略不聚焦、目标不突出。决策失误，累死执行！

水井坊：距 ST 一步之遥

一度“逆袭”行业老大茅台、五粮液的水井坊，不仅没有顺利成长，反而成了行业的落跑者。究其原因，主要是在品牌上存在“伪高端”嫌疑，在产品体系上过于单薄，在渠道上忽视经销商利益，在团队管理上缺乏稳定。

被全球最大酒企帝亚吉欧收购的中国白酒上市公司水井坊，并没有成长为像茅台那样的公司，反而成为行业的掉队者。继 2013 年巨亏 1.54 亿后，水井坊宣布 2014 年亏损 4 亿元至 4.3 亿元，同比亏损大幅增加。按照《上海证券交易所股票上市规则》规定，2014 年水井坊将成为中国白酒行业第一家 ST 公司。

曾经依靠高价酒的超高端定位，一度“逆袭”茅台、五粮液两个行业老大的水井坊，何以转瞬间成了落跑者？究竟是时下的行业问题，还是自己的战略与管理不善所致？

前世今生

先研究一下水井坊的渊源。

白酒品牌要在中国市场具备吸引力，最重要的是历史名片。水井坊有两个值得骄傲的基因：一是坐拥 600 多年历史的中国白酒第一坊遗址；二是脱胎于中国八大名酒的四川全兴大曲。因此，2000 年由四川全兴集团推出的水井坊品牌，一出世就可谓根正苗红。

当时第一款水井坊，以雄狮水晶瓶的外形、中国高尚生活元素的品牌主张，以及文化复兴为主题的诉求，加之锚定茅台、五粮液的 600 元超高端定价，到 2003 年销售就超过 10 个亿。

水井坊的出现，给当时的中国白酒行业打了一针鸡血。此前，中国白酒行业以品牌出身形成严密的格局与价格带分布，整体呈金字塔形：塔尖由茅台、五粮液牢牢把控；二线名酒是剑南春、国窖 1573、梦之蓝等；区域强势品牌与地方割据品牌处于塔基。而水井坊的横空出现，一度被认为是动了茅台和五粮液控制的塔尖层。

除了依靠纯正的历史基因之外，水井坊当时的成功实际还依托了市场背景。它正是抓住了新世纪初经济市场化的机会，尤其是在政商务消费规模增长的背景下，通过超高端的定位，持续拉动了高端消费群体的关注和体验，实现品牌与业绩的双丰收。

水井坊2010-2013年业绩表现

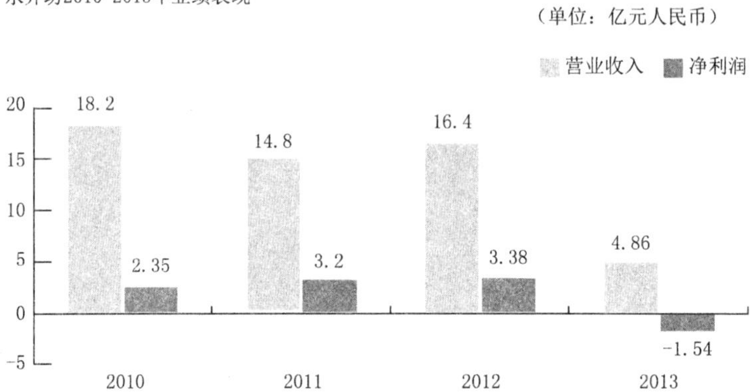

但是，水井坊的神话很快出现了新的续集，而且一幕比一幕“精彩”。先是在2002年，作价6亿元由国有企业变身为民营企业，后在2007—2013年，被帝亚吉欧合计出资30亿元，完成了民企向外资企业的转换。由此，一个中国历史名酒被洋酒企业掌控。也正是被帝亚吉欧正式完成鲸吞的2013年，水井坊出现了上市以来的第一次巨亏，与此同时，中方董事长和260余名管理干部和销售主力集体出走。

问题不会无缘无故产生，从品牌、产品、渠道、团队等四个维度，对应水井坊的尴尬局面，并非偶然。

“伪高端”之疑

水井坊的品牌价值真能盖过茅台、五粮液吗？其产品结构和定位真的准确吗？

先看品牌。水井坊的异军突起，并不是依靠全兴大曲的优势，而是向大众诉说了它和一座有600多年历史的白酒作坊遗址的关联，正是靠这个神话，让水井坊在短时间成功逆袭茅台、五粮液，并一度赶超剑南春、国窖1573、梦之蓝等对手。随着时间推移，这个宣称600年的白酒作坊遗址并没有给水井坊带来品牌助推，因为水井坊的本质是一个2000年才冒出的新白酒品牌，和所谓的“600年历史”其实是断代的，水井坊本质上不是非物质文化遗产的历史继承者，其也无法拿出这600年历史上和它有关的每一笔档案。相比茅台、五粮液，水井坊更像是一个“伪高端”的白酒。

再看产品。水井坊产品体系过于单薄。根据2013年财报显示，水井坊中高档酒对比低档酒的营收约9:1，分别为4.28亿元和5000万元。可见，公司收入大半依赖高端产品，因此产品结构风险极大，一旦高端产品遇冷，其低端产品根本无法缓冲业绩压力。那么，为什么水井坊的低端产品不能给公司提供业绩？这是因为推出时间太短，公司直到2012年年底才推出一款“天号陈”，价位定格200～500元，后来也陆续推出延至百元附近的产品，但市场培育期至少需要3～5年。

除此，水井坊高端产品价格灵活性不足。受政策影响，高端白酒市场压缩，茅台、五粮液价格尚难维系，更遑论水井坊。水井坊虽有调整，却号称“不超越五粮液，但要紧跟五粮液”，仍坚持 699 元的价格高位。该价格十分尴尬，中国高端白酒讲究“随行就市”，这与国外“价格即品牌”的稳态定位有很大不同。

2011—2013 年白酒行业净资产收益率比较

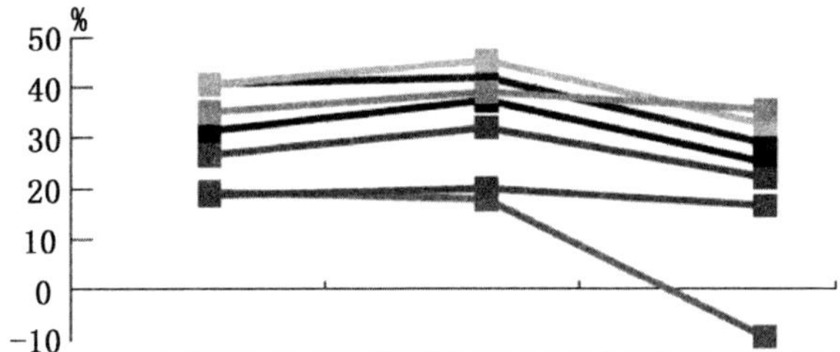

	2011	2012	2013
行业平均	18.64	19.95	16.57
五粮液	26.63	31.89	22.09
茅台	35.07	38.97	35.51
山西汾酒	31.34	37.37	25.07
泸州老窖	40.52	45.25	32.53
洋河股份	40.66	41.88	28.77
水井坊	19.25	17.87	-9.45

渠道守旧

渠道是酒企的收入来源，选择什么样的渠道，如何关切渠道利益，水井坊乏善可陈。

首先，没有自己的营销体系。渠道招商方面，水井坊使用的招式就是“品牌招商式”，认为顶着“600 年历史”的光环，就应该吸收中国最优质的经销商，殊不知，这些规模经销商本身还经销茅台、五粮液及剑南春等。和这些名酒相比，水井坊的市场成熟度还远远不够，因此让他们推销水井坊，除非能给予更大的利润回报，否则再好的酒，他们也不会尽力行销。水井坊从一开始就没有想过自己建立营销体系，而是希望靠现成的这些社会资源来消化其产品。

其次，"天号陈"系列在入市推广时，水井坊选择的策略是大商超体系的终端建设。这种"快消品"的打法就像是"攻城战"，市场推进极为吃力。试想，作为"即饮型消费"的白酒，谁会去商超尝试一款新品？行业内最好的培育型渠道就是餐饮与团购，这会事倍功半。

再有，在行业下行时，对经销商支持不力。在行情不好的时候，厂家在品牌、产品、渠道、投入上适当利益倾斜，本应该配合商家共渡难关。但是，水井坊却缺乏"温情管理"和利益顾及，导致大批经销商反水退出。

最后，营销模式不能与时俱进。电商渠道方面，水井坊迟迟不见大的举动，而如果能开辟两条战线，水井坊酒就能增加新的营收，但管理层一直抱着传统思维不变，反观竞争对手却在大举走向网销。

管理层动荡

过去十年，水井坊在资本层面动作频频，导致公司没有一个系统和稳定的管理团队。

在2007—2013年中，通过先后四次增持，帝亚吉欧全面掌控了水井坊，这一过程中起码有三个管理失误：一是公司法人治理结构中西不平衡，水井坊的董事会除了3名独立董事外，其余5名董事全部为外籍人士；二是职业经理人对中国白酒行业水土不服，高层管理人员频繁变动。前任董事长柯明斯辞职后，继任的董事长兼总经理大米（James Michael Rice）从未涉足中国白酒行业。在闭塞而有个性的白酒行业，一个上市公司的操盘者没有行业成长经历，很难令人对其未来抱有信心；三是中层队伍的稳定问题，水井坊"全兴"系的高级营销管理人员几乎流失殆尽，仅2013年一年时间，就有260多名销售和管理人员出走。更重要的是，随着中方管理人员的集体流失，帝亚吉欧的"老外"管理者已经失去了向中方人员学习如何做中国白酒的机会。

绝地重生?

内外交困之下，水井坊的"老外"管理者释放的信号是坚持高端品牌定位，努力布局中低端市场，同时借鉴快消品对白酒行业进行市场化改造。对此，存在三疑。

第一，定位上，目前的水井坊高端产品零售指导价699元，相比市场实际售价600元左右的五粮液而言，定价太高。另外，水井坊削减了2014年品牌投入预算，想要价格与市场兼得恐怕很难。

第二，产品架构上，水井坊最近提出要继续丰富100 ~ 300元之间的产品，完成产品价格带上的全布局。但中低端产品市场基础薄弱，品牌尚待培育。其以类快消品的市场操作模式，围绕商超等零售终端进行推广促销，投入大，见效很慢，前路漫漫。

第三，营销渠道上，水井坊提出，要在全国重点市场组建销售队伍实施直销模式，尽管勇气可嘉，不过在成本费用和区域市场复杂的市场格局面前，挑战可想而知。在目前国内白酒行业，针对中高端白酒品牌的直销运作尚未有企业成功过。

纵观水井坊一路沉沦，关于未来，要么真能重生，要么就走上很多被外资收购的中国消费品的同样命运——雪藏，并从此“后会无期”。

周凌峰点评

1.成也历史，败也历史。水井坊既然向大众诉说了它和一座有600多年历史的白酒作坊遗址的关联，为什么不强化这个关联，平滑断代？只要把这个工作做扎实，即使不是历史继承者，也可以是精神的传承者。也许是因为一下子冒头火了，忘记这档事了？关于这一方面，水井坊做了什么工作，或做了多少工作，我们无从得知。但笔者有一句话要送给水井坊，有历史不等于高价！因为酒不是古董。

2.产品结构组合存在风险，没有构建产品金字塔。众所周知，政府反腐力度大，高端白酒市场迅速萎靡，受影响的还有茅台和五粮液。水井坊没有建立自己的产品金字塔，尤其是没有构建产品金字塔塔基来保护上面的塔身，自然无法防止利润被侵蚀。

广誉远：473 年中药品牌的灰暗时期

广誉远，一个有着 473 年历史的中药老字号，不仅现在的名声远低于和自己相差 100 多年的同仁堂、胡庆余堂、陈李济，而且还曾在资本市场被戴上 ST。这家中药企业，在复兴的道路上，不仅资金失血，而且战略上急于求成、产品定位上盲目使用高价精品策略，导致丢失“民心”，失去市场。

2014 年 4 月 26 日是个再普通不过的日子。2013 年 5 月份才摘掉 ST 帽子的广誉远，选择在这一天发布 2014 年第一季度报告。报告显示，广誉远一季度亏损 945.16 余万元。而在并不久之前发布的 2013 年年报中，广誉远全年亏损 1956.40 万，负债率为 87%。如果无法在年内扭转亏损态势，广誉远将再次被 ST！

我们不禁要问：顶着 473 年历史光环的中药老字号，山西广誉远为什么在最近几年突然步履蹒跚？如何才能拯救这个曾经辉煌的清朝皇室御药供应商？

成为资本的“救命稻草”

和历史上齐名的另外三家中药老字号相比，广誉远不论是历史还是盛名，都当属第一，却在岁月蹉跎中被逐渐淹没，直到近几年才又焕发出些许光芒。在清代，山西广誉远与广州陈李济（创建于1600年）、北京同仁堂（创建于1669年）、杭州胡庆余堂（创建于1874年）并称为“清代四大药店”。而广誉远实际创建于公元1541年，比同仁堂还早128年；广誉远的前身，可直接追溯到始创于明嘉靖二十年的广盛号老药店。

新中国成立后，广誉远归属山西中药厂。2003年，擅长资本运作的东盛科技，通过收购方式，掌控了广誉远。

然而，广誉远“嫁入豪门”并未收到预期效果。2006年，东盛科技因前期在其他产业中大规模收购扩张，陷入严重的经营与财务危机，根本无暇关注广誉远的发展。之后几年，东盛科技通过出售旗下资产以偿还巨额负债，在此期间还因财务造假遭到证监会行政处罚。从广誉远的角度，其发展甚至较东盛科技入主之前还不如，年营业收入从被东盛科技收购当年的5个多亿，下降至2013年的2个多亿。

截至2013年底，东盛科技陆续清偿了14亿元金融债务，而广誉远成为其最后一根资产“救命稻草”。2013年7月，东盛科技宣布其证券名称更名为“广誉远”，公司董事长张斌宣布：“转型精品养生国药，东盛科技一定会再生！”

广誉远四段历史时期

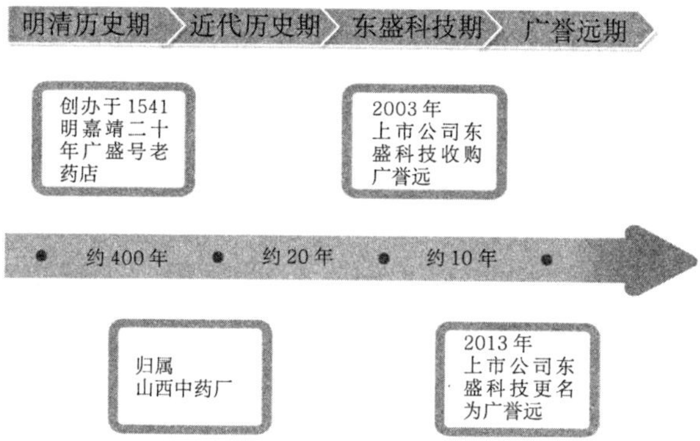

其“母凭子贵”之心凸显无疑。但事实再一次构成莫大的讽刺，2013—2015年度，广誉远扣除非经常性损益的净利润均处于亏损状态。据2015年年报显示，2013年、2014年、2015年该公司扣非净利润分别亏损6651万、2429万和524万。这无疑将一个问题摆在市场面前——欲求再生，路在何方？

现实和理想的差距

专注中药产业之后，东盛科技控制下的广誉远何以依然没有拿出优秀业绩？关键是其战略和定位出现了问题。

根据广誉远官方发布的所谓“再生之路”战略，有四个核心关键：以“养生精品中药”为定位，以“精品中药＋养生酒＋传统中药”三驾马车为核心业务，以布建千家国药堂和百家国医堂进行“百城千店”计划，建设中药饮片基地以实现精品中药全产业链。

定位决定了企业的策略和产品。策略上，“养生精品中药”的定位，使得广誉远围绕大健康市场做了两层市场切割：第一层，以养生概念，区分并切割中药的疾病治疗市场，突显了广誉远的明星产品——龟龄集和定坤丹的调理、调养、康复功效，以占领受众面更广、消费频次更高、消费者自主选择比例更高的“非治疗”细分市场；第二层，以精品概念，区分并切割大众中药市场，使得广誉远的部分御药，直接针对高净值人士，借以提高产品价格。

产品上，在“养生精品中药”的定位指导下，广誉远规划了传统中药、精品中药、养生酒等三条产品结构线。

按照广誉远的商业设计，它不仅能在中药市场上崛起，而且一定会使得其资本价值不可估量。

但是，这样一份在纸面上近乎完美的中药企业发展战略，却并非广誉远现有能力所能支撑，因为这一战略需要钱，而且要很多的钱。

不能丢失“民心”

广誉远不能有效发展的根本原因在于，一方面受制于历史财务包袱，“失血过多”，另一方面是其“养生精品中药”定位中的“精品”路线存在问题。

先谈“失血”问题。近八年来，广誉远一直处在公司高负债和银行融资空间封闭的环境中，其营运资金需要依靠控股股东提供借款，以及处置资产来实现。尽管公司后来已经解除了金融债务，但资金依然非常紧缺，难以扩大生产和销售。

“失血”过多，又无新的融资“造血”，公司要完成所谓的“百城千店”，以及在全国建设多个中药材种植基地，实际并无能力。在2013年年报中，广誉远认为其年度亏损原因是，销售成本的急剧上升。而销售成本就导致企业亏损，唯一的原因就是企业资金流动性极差。

另外，所谓的“百城千店”，其本质就是要复制“极草模式”。极草是近几年新冒出的一个专门销售冬虫夏草的中药品牌，该品牌的特点就是，产品珍贵，以礼品形式销售，而且价格极高，因此其诉求主力对象是高净值人士。广誉远要复制“极草模式”，在营销上就需要投入大量广告，并广泛建设新的分销渠道来提升销量。

但是，政府层面通过发布八项规定、六项禁令打压公款消费及奢侈消费后，国内的享受型消费、奢侈型消费、炫耀型消费、礼品型消费均遭遇不同程度的下跌。极草的产品也已被积压在渠道中得不到销售，因此，在当前的市场环境下，“极草模式”已走入困境。

广誉远的“精品”产品价格奇高，其龟龄集系列产品，

广誉远养生精品中药战略图谱

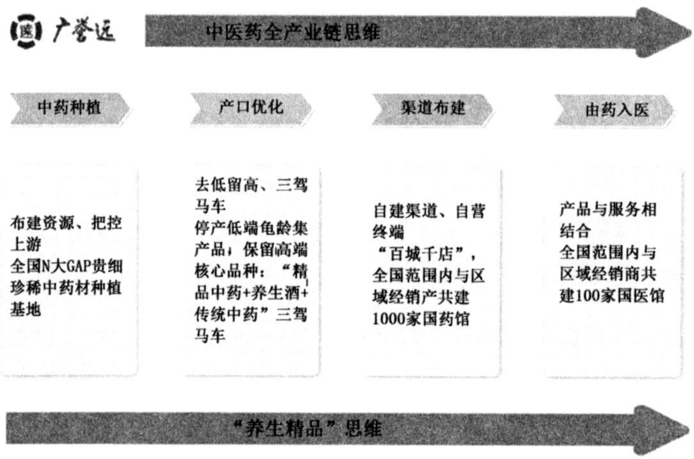

从2580元起价，一直到18900元不等，这种类似“极草模式”的精品路线，不仅使得消费者很难自用，而且营销成本极高，一旦滞销并形成高库存后，就会转为企业的财务性灾难。

广誉远不能盲目复制“极草模式”，应该有自己的市场判断。尤其是，如果只定位于高大上，不面向大众，那么作为一个中药企业，本身就失去了“民心”，进而失去市场。

先把自己“做小”

广誉远脱离企业发展实际，脱离对市场环境的深入理解和判断，以保健品的营销风格推广中药老字号，方法不可取。广誉远更需要“止血”和“造血”并重，且在“造血”的过程中选择先是如何“做小”。

经过多年努力，广誉远的“止血”工作接近尾声后，6 亿元定向增发进一步缓解了广誉远的财务压力，为恢复企业的银行融资能力提供了帮助，也给企业提供了相对宽裕的流动资金。而后，企业的重点投向“造血”，在“造血”的过程中，企业应避免在元气初恢复时高举高打的“做大”打法——“做大”，会对企业的组织能力、资金实力带来新的压力。

广誉远应择“做小”，即首先完成对旗下以龟龄集为代表的明星产品的定位，建立产品在目标消费者心中与功效的对等关系；其次借势现有发展良好的渠道品牌，如同仁堂、童涵春堂、雷允上等，与其建立战略合作伙伴关系，在其门店内建立店中店，借用其入店客流量进行销售，而非选择成本更高、见效更慢的自建终端；第三，广誉远应该在产品定位、店中店视觉形象设计、营销宣传等各个环节打好文化牌，充分利用好“400 年御药，飞入寻常百姓家”的历史资产；最后，暂缓中药材种植基地等其他非销售主导的业务投入，保留最充沛的资源可以应用在营销环节。

周凌峰点评

1.广誉远“嫁”给了擅长资本运作的东盛科技，也许早就注定这段姻缘不是太幸福。一个是做中药，有着厚重历史和盛名，做的是悬壶济世的事；一个是擅长资本运作，嗜血和逐利的。做产品的和搞资本运作的是两个“物种”，用两种模式思维，基因就不一样。

2.广誉远的再生战略，尤其是“百城千店”计划表面上看很完美，但没有考虑资源，特别是资金。我们说制定战略有两种基本思路，一种是基于资源和能力的战略，即要根据企业本身的资源和能力制定力所能及的战略；另一种是基于资源整合方式，即制定好战略，即使没有那么多资源配置，但可以通过资源整合方式，即基于利他、互补、共赢的原则，整合内外部资源，来实现战略目标。广誉远既然是擅长搞资本运作，应该具有投行的思维，整合外部资源，但很可惜没有看到相应的资源整合部署和动作。在失血过多的情况下，如果及时通过资源整合方式实现造血，也许不会这么被动。

索尼帝国缘何走向没落

由于没能跟上技术潮流，在液晶电视方面落后于三星以及 LG 等竞争对手，在智能手机的角逐中落后于苹果、三星以及中国手机厂商，近年来，索尼在亏损泥潭中难以自拔。

索尼的没落，难免让人惋惜，但这是产业变化的基本规律，即便这十年索尼仍在增长，但终究会走向没落。索尼的今天也许就是其他企业的明天。

曾几何时，索尼几乎是日本乃至世界科技的代名词，是创新和品质的化身。其不断推出的创新产品，如收音机、电视机、随身听、数码相机等，在同类企业中可谓傲视群雄，不断冲击新的时代潮流。然而，自从霍华德·斯金格 2005 年出任 CEO，索尼就开始走向颓势。2008 财年，索尼亏损 29 亿美元，2009 财年亏损 4.41 亿美元，2010 财年和 2011 财年，亏损数额分别达到 32 亿美元和 56 亿美元。而后，索尼市值更是由 2000 年的最高值 1250 亿美元下降到 2011 年的 170 亿美元，下降速度惊人。2012 年 4 月 1 日，平井一夫出任索尼集团总裁兼 CEO，但索尼颓势已定，回天无力。

技术索尼让位短期利益

索尼自 1946 年成立以来，用足足 50 年的时间走到了企业最辉煌的顶点，却在短短几年时间里走向没落。技术为本让位于对短期利益的追求，进而丧失了“技术索尼”这一立企之本，是索尼没落的原因之一。

自 1963 年索尼推出世界上第一台晶体管电视机以来，索尼的每一次技术创新都会给整个产业带来一次震动。然而，在 1996 年开发出平面阴极射线管技术之后，索尼再也没能推出一款让大家为之振奋的产品。而这恰好发生在出井伸之出任索尼 CEO 之时。

1995 年出井伸之上任伊始，就重新定位索尼并引导其向多元化发展，提出“索尼再创业”的构想。他认为索尼不能只发展硬件产品，还应该发展软件领域，并开始大笔投资发展娱乐领域，还在几年后涉足金融领域。另外，索尼开始推进全球化发展，将业务部门分拆为 25 家小公司。

事实上，这似乎是很多企业都难以逃脱的宿命。因为职业经理人们看重的不是公司的长远规划，而是如何在任期内保证公司股东的利益，至于 10 年、20 年之后的企业会怎么样，根本不是他们需要考虑的问题。作为华尔街的投资人，他们更关注的就是手中的股票如何上涨。出井伸之上任初的几年，正是全球股市大好的时候，将业务部门分拆成小公司，自然会受到投资人的欢迎。

而 2005 年出任索尼 CEO 的霍华德·斯金格非但没能改变这种局势，反而开始一味地降低企业成本，采取出售部门、外包运营等措施，并且进行了两次大规模裁员，技术人员大批流失。这种看重短期利益的举措，开始背离盛田昭夫和井深大等建立索尼时技术为本的创业精神。

尾大不掉错失互联网时代

在互联网时代之前，电视是与消费者接触最紧密的产品之一。电视也是索尼的核心业务之一。索尼拥有业内最完整的产业链，只要抓住技术创新，索尼还是能在这个产业中保有一席之地的。不过，随着互联网时代的到来，索尼的处境就完全不同了。

在过去十年里，索尼从未停止对互联网的关注，但是尾大不掉的它最终还是错失了借助互联网崛起的机会。由于索尼的产品线太长，从耳机、医疗打印机及 3D 电影的生产设备，到家用录像机、电视机和相机、手机等个人电子产品，有 2000 多款产品。这些产品之间毫不相干，难以形成优势互补。更糟的是，在众多产品中，索尼缺乏真正有竞争力的核心产品。正如一些从索尼辞职的技术人员所说，“已经不知道索尼到底是什么公司了”。

同时，冗长的产品线，为索尼树立了太多的竞争对手，内部也十分混乱，使其进一步发展的包袱过重，错失了适应互联网时代的机会。

其实，索尼错失互联网机遇的另一个原因仍在于技术创新不足。由于在基础研究方面的投入减少及人才流失，使其创新能力大大低于美国及亚洲同行。

以索尼电视为例，1996 年推出平面阴极射线管技术时引起全球电视产业的震撼。但是在三星及 LG 等竞争对手推出液晶电视后，索尼没能跟上技术潮流，当其认识到问题所在并做出调整后，已经落后于上述韩企，最终不得不向它们订购产品。

而当全球通讯厂商都在积极应对互联网带来的挑战和机遇时，索尼再一次显示出基础研究及技术创新方面的不足。在智能手机产业中，索尼在新技术的研发上明显落后于苹果、三星以及中国手机厂商，一步步亏损。在与爱立信成立合资公司期间，生产手机款型有数十种之多，但没有一款停留在消费者的记忆中。直到 2012 年平井一夫担任 CEO 时，索尼才开始集中投资研发智能手机和平板电脑。但是，索尼进入智能手机的时间太晚，研发准备也不充分。

金融和音乐或成“救命稻草”

2014 年 2 月 6 日，索尼宣布出售 PC 业务，同时宣布将针对电视业务采取一系列降低成本的举措。对于这一横跨娱乐、电子、金融、信息技术等诸多行业的大型跨国集团而言，未来在哪里呢？

就索尼而言，显然不会轻易放弃电视机部门。不过，索尼电视机业务已经连续多年遭受亏损。据德勤咨询预测，在未来几年虽然有更多新技术的应用，但电视机的销售额基本保持不变。从这一角度来说，索尼想从电视机部门获得营收的可能性变得越来越小，何况还要面对来自竞争对手的压力。

那么智能终端呢？平井一夫虽提出“今后将集中投资研发智能手机和平板电脑”，但这并不是一个理想的选择。统计显示，2015 年全球智能手机出货量中，排名第一的还是三星，总计约 3.21 亿部，市场份额也丢掉了 3 个百分点而占据 24.8%；苹果以 17.5% 紧随其后；华为以 8.4% 的份额位列第三；接下来是小米，份额 5.6%，出货量 7240 万部；后边分别是联想 5.4%、LG5.3%、TCL4.0%、OPPO3.8%、步步高 /vivo3.3%、中兴 3.1%。2014 年还在 TOP10 之列的索尼、酷派都消失了，OPPO、vivo 则强势入围。

抛去苹果、三星这两个对手不说，想跑赢小米等中国厂商也不是一件容易的事情。而且，随着用户换机周期的延长，智能手机市场增长基本见顶。如果索尼加注智能手机，前景黯淡。

也许，金融和音乐会是索尼的一条出路。根据索尼 2013 财年业绩显示，金融业实现盈利 13 亿美元，约占索尼全年利润的一半；而音乐盈利 4 亿美元，收益保持稳定。

索尼的启示

一家技术至上的企业，如今却沦落到要以金融业为企业盈利支撑，我们的确应该对索尼的今天感到遗憾。辉煌了整整 50 年的巨擘开始陨落，索尼的没落给我们留下很多启示。

首先，企业应保持技术创新。

索尼没落的核心因素是技术创新能力缺乏导致的产品竞争力不足。在电视机业务上，索尼紧抓平面阴极射线管技术不放，并错误地估计了液晶电视发展的前景和速度，结果失去先机。在智能手机方面，仍然创新乏力，未能推出引领行业的产品。

无论哪个行业，都要保持技术创新，稍有不足就有可能被自己淘汰。不仅索尼，摩托罗拉、诺基亚的没落都是需要企业引以为戒的警示。

其次，坚守但不自闭，保持与市场的联系。

在技术方面，没人会怀疑索尼的实力，但过度的自信带来了自闭。在录像机市场，索尼过分自信，固守自己的 BETA 格式并拒绝兼容，而竞争对手相互联合选择了 VHS 格式，最终，索尼被自己的固守束缚，被迫撤出录像机市场。

再次，摆脱企业病，灵活应对市场。

臃肿的企业形态，过长而缺乏核心的产品线都有可能导致企业内部山头林立，导致相互之间缺少必要的配合，无法优势互补充分利用资源。要明白，市场永远是活的，是变化的，面对快速变化的市场，企业要改变僵化的管理体系，灵活应对瞬息万变的市场变幻。市场不等人，多一刻的等待就多一刻的失败。

另外，企业需要一个领袖，而领袖绝不是CEO那么简单。一个百年企业需要的是领袖，他要把公司当自己的一样对待，要为它的长远利益考虑，而不是迎合董事会，迎合华尔街的资本。

索尼的没落，难免让人惋惜，但这是产业变化的基本规律，即便这十年索尼仍在增长，但终究会走向没落。索尼的今天也许就是其他企业的明天，要记住的是，创新和竞争会伴随企业的始终，只有那些积极应对变革的企业才可能在竞争中站稳。

周凌峰点评

1. 索尼的没落，可以看到它是怎样一边成长，一边逐渐改变了原有的基因，就像一头向死而生的恐龙，即使还在不断生长，但已经走向死亡。索尼给日本人的教训是深刻的，也是酸楚的。索尼的立身之本和基因均已改变，靠金融收益，已经完全变成另一个物种了，它即使壮大了，也是一个没有牙齿和利爪的恐龙而已。

2.索尼的核心竞争力到底是什么，不同的人有不同的看法，在笔者看来，就是“微缩”能力，它是一个沉迷于技工的工匠，把所有产品做小做精，但产品线过长，资源分散，也无法形成互补，技术为本让位于对短期利益的追求，加上自闭和僵化的管理体制，使其丧失对外界变化的敏感，又没有有利的创新战略举措和行动，走向没落是必然的。

第三章 泡沫破裂

成 功 是 无 规 律 可 循 的 偶 然

失 败 是 能 够 推 倒 的 必 然

海鹤药业沦落起底

海鹤之殇，是温州之殇，是民间借贷之殇，是金融风暴之殇。几任老板置企业经营于不顾、肆无忌惮地非法集资的行为，是企业法人治理结构的缺失，更是有关部门金融监管的失败。海鹤这个企业虽有300多年历史，但未形成核心产品、深厚文化、核心竞争力，于是在风暴来临时，不能坚韧地生存下去，而是任人宰割。

海鹤的故事很长，长达345年。如今，悠久的传说都已湮没在历史的长河中，只有最近八年的闹剧令人唏嘘不已。研究海鹤，几乎对企业的经营管理没有什么警示，其沦落过程根本无关经营，只是在民间炒钱背景下，这个老字号不幸被贪婪的人选中作为抵押品，击鼓传花，最终殒落。

历史沉浮三百年

温州海鹤药业有限公司，前身为“叶同仁堂”，由宁波慈溪鸣鹤乡人叶心培顶受西门同仁中草药铺起家，创办于清康熙九年（1670），仅比同仁堂晚一年，且也以“修合虽无人见，存心自有天知”为古训，比杭州胡庆余堂早创立204年。叶氏子孙相传，延续近300年。

1956年社会主义改造中，温州市著名的三馀堂、叶三宝、乾宁斋等药号撤销，部分并入叶同仁药栈，公私合营，组建了温州市国药联合制药厂，开始了中成药专业化生产。1965年7月，经浙江省政府批准正式成立国营温州中药制药厂，成为浙南地区唯一的中药制剂专业生产厂。1995年11月，经温州市人民政府批准，工商变更登记为国有独资公司——温州海鹤集团有限公司，注册资本为2367万元。集团核心型企业为温州海鹤集团有限公司制药厂。

2001年，该集团经过改制重组和扩股，成立了温州海鹤药业有限公司。经营上虽然一般，但作为地方老字号，海鹤继承了前人数十种配方，在闽越地区深受喜爱，肩负着“挖掘瓯越文化，发展温州中药”的使命，远销海外，深受闽越侨胞青睐。

炒钱大赛三掌门

2007年至2011年的短短四年间，海鹤药业相继迎来了三任不靠谱的老板，迅速堕入了炒钱的深渊。海鹤药业虽然一年利润仅有区区几百万，但名气大，且在滨海园区有在建新厂房，这些都被不靠谱的掌门人视为优良融资担保工具，借以疯狂敛财。

第一任不靠谱的老板是初中毕业的永嘉人戴育仁，他年轻时在各地做过裁缝和服装生意。2006 年回到温州后，46 岁的戴育仁不再从事实业，而是加入温州热火朝天的炒作事业。他先是集资“炒房”，购买大量房产，然后于 2007 年利用集资，分别以 2 亿元和 1.1 亿余元，收购了海鹤药业和兴瓯医药（后者为医药销售公司）。

戴育仁入主海鹤药业后，恰逢中药材采购成本、劳工成本、能耗成本一路飙升，运营成本的提高让企业陷入了困境。2008 年企业资金链出现问题，2008 年底到 2009 年初，银行不再放贷，戴育仁开始向投资公司和担保公司借钱，利息以 4 分至 6 分为主，并通过抵押和变卖资产方式还债。

但企业资金链断裂只是一方面，戴育仁的非法集资至少从回到温州就已经开始了，他并不关心或者没有精力关心海鹤的经营。而后，此君以非法吸存罪名，于 2014 年 8 月被温州中院宣判有期徒刑八年六个月。笔者根据一审判决书统计，此君于 2007 年至 2010 年间的非常吸存金额约达 53829 万元。案发前，戴育仁通过房产、车辆抵债等方式支付利息及部分本金，共计 5 亿余元。但据估计，未经法律确认的集资仍然存在，即使海鹤药业已经转让了，他仍隐瞒资金状况，继续非法集资 6470 万元。法院在上百债权人中认定的有十多名，背后的间接债权人和受害者据估计有千人以上，其中不乏妻离子散、家破人亡者，因此，戴育仁被舆论称为“温州最大的骗子”。

在戴育仁非法集资的过程中，海鹤药业的资产和股权，一直是其重要筹码。第二任老板张福林就曾放贷给海鹤药业。张原来是丽水和温州两家农药厂的厂长，后离开农药行业，转战重庆房地产市场，后来回到温州开始高息放贷。其间，他曾担任温州担保协会副会长、温州民诚融资担保有限公司董事长，是温州民间高利贷领域的代表性人物。张福林在民间借贷资金链断裂前后，从 2010 年上半年开始非法吸储，2013 年 1 月逃跑，3 月在越南被抓获。

2010 年 2 月他认下了海鹤药业的 2 亿元债务，成为公司法定代表人，占股 40%，股份由戴育仁托管，约定一定时间后回购。戴无力回购后，张本人无意经营海鹤药业，也不敢接烫手的巨额债务。短短的两个月后，张福林即以戴育仁欠其 9026 万余元的核算结果退出。两人于是商议再度将海鹤药业转手，寻找接盘者。

根据判决书，在这个过程中，2009 年底，金某等人借给戴育仁的 4 亿元资金无法收回，戴育仁想把海鹤药业、兴瓯医药的股权分别以托管与股权转让的形式抵债，将法人代表转让给金，金某找到张君平帮忙操作资金托管，并许诺 3000 万余元托管费，接着叶可为介入。原计划张、叶分别出资 3 亿元、2 亿元，置换海鹤药业、兴瓯医药 60%、40% 股权。后来张君平希望退出，但叶可为认为这两家公司资产很好。

最终，2010 年，叶可为和张君平以 5 亿元的虚高价格接下了这两个包袱。公司注册资本为 5000 万元，叶可为占股 80%，成为海鹤药业大股东和法定代表人，张君平占 20% 股份。叶可为、张君平替戴育仁偿还了部分海鹤药业、兴瓯医药的贷款及戴育仁的个人借款。叶可为成为海鹤药业最后一任老板，并最终带给海鹤毁灭性的命运。

值得一提的是，叶是温州比较有威望的侨商，叶接盘的最初，舆论一度报以众望。2010 年 9 月，“海鹤”牌被评为“浙江老字号”，同年 12 月被温州市人民政府列为“温州市第一批千星企业”，成为政府重点扶持对象。

滚滚雪球一朝破

叶可为是个老华侨，在意大利做了 15 年的外贸生意，担任过罗马贸易总会常务副会长。资产上亿的叶可为于 2006 年回到温州，融入高利贷王国，创办了温州百顺融资担保有限公司，并曾担任温州担保行业协会副会长。从债主成为股东之前，叶可为并不知道有那么多债务，“并不知道海鹤是否经过审计”。但无论如何，这样一个老字号，就像一盆兰花一样，被炒家轻松地转手了。

发现自己陷入巨额债务的叶可为，就像进入了一个不能退出的游戏，只能以债还债。他以担保企业的模式来经营海鹤药业，海鹤、兴瓯总负债达 22 亿元，其中叶可为非法吸收的资金就达 13 亿元。即使按最低的 1.5 分利息计算，22 亿元每月需支出的利息就高达 3000 多万元，占注册资金的五分之三，是利润的十倍。2011 年 9 月后，整个温州陷入“钱荒”，海鹤不可避免资金链断裂，不仅利息无法兑现，本金也无力兑付，叶可为遂被告上法庭。

经 2014 年 12 月温州中院二审裁定，2008 年 8 月至 2011 年 9 月间，叶可为通过口口相传的方式，以收购海鹤药业公司、兴瓯医药公司、重庆某酒店以及资金周转为由，以高息为诱饵（承诺给予月息 1 分半至 6 分不等的利息），向 90 余人非法吸收资金计 13 亿余元，还本付息 5 亿余元。其中，包括分别以 2 亿元的对价收购戴育仁、张福林各自持有的海鹤药业公司的 40% 股权，并帮助戴育仁归还贷款及支付海鹤药业公司的连带赔偿责任约 40300 万元，以及和戴育仁合伙投资不动产等事宜 16000 万元，还被戴育仁拖欠了巨额款项。

比较吊诡的是，从某种角度讲，叶可为有被戴育仁设局骗进来的嫌疑，看起来很冤屈，但是对两人的事实认定和判决出乎很多人的意料。尽管公众舆论普遍认为戴育仁是个骗子，但法院认定“戴育仁非法募集资金基本用于生产经营等投资活动和偿还银行贷款支付利息等，在案证据不能证明其有隐瞒事实真相、骗取资金、恶意占有资金等行为和故意”。因此，民众和公诉机关指控的集资诈骗罪的罪名并不成立。

相反，叶可为为收购海鹤药业公司的股权等事宜，大肆向社会公众筹集资金。购得海鹤药业之后，将海鹤药业公司作为筹资平台，虽然很多欠条均有“海鹤”或“兴瓯”的印章，但主要以其个人名义而继续筹集款项，仅有非常少量款项用于海鹤药业的经营管理，因此吸收资金的行为及其用途均为叶可为的个人意志体现，并非单位犯罪。

泡沫破裂重组难

2008 年的国际金融危机，引爆 2012 年温州局部金融风波，温州经济震荡加剧。2013 年，温州两级法院受理的企业破产案件达 198 件，占浙江全省的 57.2%，而全省破产案件审结 269 件，同比上升 265.79%，债务总额增长近 6 倍，达到 1595 亿余元。

几位老板锒铛入狱之后，海鹤药业众多债权人努力通过重组降低损失。2012 年 8 月 14 日，温州市中院召开海鹤药业和兴瓯医药第一次债权人会议，审查确认债务总额逾 12 亿元（申报债务总额高达 20 多亿元），并形成了两关联企业合并重整的决议。2013 年 3 月 18 日，在各方债权人讨论并表决通过的情况下，温州市中院批准了温州海鹤药业有限公司和温州市兴瓯医药有限公司的重整计划。该计划主要分两步，一是135名普通债权人债转股，涉及金额12亿余元，重整成功，债权、债务、财产关系清晰；二是寻找战略投资人。

公司最初希望把部分厂区和无形资产打包出售，但击鼓传花的游戏结束后，资产的价格已在下跌。海鹤药业估值曾被大股东炒到18亿元。但接着，上海一家公司将其有形资产估价为6亿余元，而其品牌及51个药品和保健品批号估值在2亿元左右。资产大幅贬值，很大程度上是房地产泡沫破裂所致。

2013年7月，双方签订协议，海鹤药业将无形资产、30多亩厂房打包拍给南洋药业，作价2.1亿元。南洋药业支付2100万元作为履约保证金。因为价格远远低于企业负债，100多名股东争论激烈，海鹤药业未能在发布公告10日内挂牌拍卖。

在2014年6月初的新一轮拍卖中，无形资产分离出来单独拍卖，起拍价大幅下降到了3000万元。因南洋药业的2100万元履约保证金是否算在拍卖金内存在争议，另外两家企业也没有在拍卖前打入600万元保证金，拍卖再次流拍。在土地方面，兴瓯医药的十几亩地上半年拍出了5400万元，而海鹤位于滨海新区的新建厂房占地80亩，拍卖了三次都流拍，价格也从最早的 1.4 亿元下滑到 1.2 亿元，最终下滑到 9000 多万元。

如愿以偿新美福

2014 年 7 月底，海鹤药业无形资产（51 枚商标权、50 种药品生产批准文号及 1 种保健食品批准文号）拍卖程序再次启动。在规定南洋药业的 2100 万元不算在竞拍金额内的背景下，北京新美福和南洋药业各自缴纳了 600 万元保证金进入竞拍阶段，最终北京新美福以3550万元价格竞拍成功。

尽管最终的结果（3550 万元和 5400 万元）比债务转的股东投资 12 亿元缩水 90%，但百年品牌毕竟得以延续。2014 年 8 月 1 日，新美福入驻海鹤，并免费使用原厂房至 2015 年年底。

经过十年的折腾之后，海鹤药业终于迎来一个真正想做医药的掌门人。北京新美福医药有限公司大股东王仁民出任海鹤董事长，他祖籍浙江绍兴，入主海鹤之前，从事医药行业已有 18 年之久。虽然将海鹤从非正常状态拉入正轨，形势仍然是严峻的，但海鹤的未来是全新的、美好的、幸福的！

海鹤之殇，是温州之殇，是民间借贷之殇，是金融风暴之殇。前几任老板不顾企业经营、肆无忌惮地非法集资行为，是企业法人治理结构的缺失，更是有关部门金融监管的失败。加之该企业虽然有着300多年历史，但是未形成核心产品、深厚文化、核心竞争力，于是在风暴来临时，不能坚韧地生存下去，而只能任人宰割。这也是海鹤折翅的重要启示！

周凌峰点评

1. 海鹤的故事，其实就是三任不靠谱的老板演绎的三段辣手摧花的故事，让人听了扼腕叹息和痛心。三任老板骨子里的基因与一个具有300多年历史的民族老品牌企业完全不匹配，甚至是截然相反。要把海鹤这种具有深厚历史沿革的老字号企业做起来，需要一个脚踏实地、肩负医药使命的企业家，而不是浮躁的机会主义"炒家"——中国老字号的企业一定需要一位有历史使命、负责任、脚踏实地的企业家来经营，否则，无论有着多么深厚的历史积淀，在"炒家"们的肆意妄为和短期利益的资本运作下，最终都将走向万劫不复。

2. 海鹤令人悲催的经历，固然有温州商人热衷赚快钱的价值观因素在作祟，但三任老板的不靠谱仅仅是表面现象，那么深层次到底是什么原因？笔者认为，根子上，是上市公司治理的问题。原来的国有独资企业，无法形成有效的公司治理结构和机制，无法选出好的企业家、投资者和职业经理人，仅仅寄希望于遇到一个好老板，而企业遇到好老板的概率就像古代冤民遇到包拯一样小。在这方面，温州政府有一定的责任。有人说，温州市人民政府不是已经把海鹤加入“温州市第一批千星企业”，进行政府扶持了吗？可是，仅靠扶持，能扶持一辈子吗？不从公司治理入手，就没有从根子上解决问题，扶持只是一时，表面文章，有时是弊大于利的。

海鑫钢铁缘何盛极而衰

资金链条断裂是造成海鑫钢铁濒临破产的直接原因。一方面银行因行业不景气盯紧海鑫钢铁贷款，还贷之后不再借贷，另一方面李兆会进行资本运作需要大量资金，银行大幅度抽贷与资本市场沉淀资金两种因素的叠加效应，最终成为压垮海鑫钢铁的最后一根稻草。

被外界称为山西豪门的李家，兴起于李海仓（李兆会的父亲）。出生在山西运城闻喜县东镇川口村的李海仓，家境贫寒。为了摆脱贫穷，他办过油坊，建过肥皂厂。1987 年初，李海仓集资 40 万元，在闻喜县建起了第一个合股经营的洗煤焦化厂。此后，他几乎是以一年办一个新厂的速度在黄土地上建起了包括三铁焦化厂、海鑫钢铁、海鑫投资、海鑫轧钢、海鑫国际钢铁、海鑫房地产、海鑫鑫公水泥等七个独立法人企业，组成拥有总资产 30 亿元、7300 多名职工的大型民营企业集团——山西海鑫钢铁集团有限公司。在山西，海鑫是仅次于太原钢铁集团的第二大钢铁企业，经济规模跨入全国钢铁企业前20名，还曾是中国第二大民营钢铁企业，不想却盛极而衰，陷入企业破产重整的绝境。

资金链条断裂，是造成海鑫钢铁濒临破产的直接原因。一方面，银行因行业不景气盯紧海鑫钢铁贷款，还贷之后不再借贷；另一方面，海鑫集团董事长李兆会进行资本运作需要大量资金。银行大幅度抽贷与资本市场沉淀资金两种因素的叠加效应，最终成为压垮海鑫钢铁的最后一根稻草。

商界大佬史玉柱曾剖析海鑫钢铁的困境，认为海鑫钢铁的困境主要在于“银行抽贷40亿元，导致其流动性出问题；15%贷款利息，导致其负担较重”。

经历了金融危机、4万亿投资和更严重的产能过剩、市场需求下降后，海鑫钢铁步入了下坡路，始终没能回头赶上，最终，高炉熄火停产、企业等待破产重组的命运便黯然降临了。2014年11月，法院裁定受理海鑫钢铁集团四家债权人对海鑫集团的重整申请。

偏离主业，忽视风险防控

第一，投机经营掏空海鑫。

2003年发生的一场突发事件，使得时年22岁的李兆会接班上位，成为豪门少帅。但李兆会的心思显然不在钢铁主业上，也错失了钢铁业发展良机，以至于海鑫钢铁深陷资金断链、破产困境。

在行业及媒体的普遍印象中，李兆会在资本市场大施拳脚，却在主业上少有耕耘。具有金融专业背景的李兆会，从一开始就对经营具体的钢铁业务不感兴趣，他热衷的是资本运作。

李兆会在资本市场上最令人称道的运作，是2004年11月，受让中色股份所持民生银行股权，成为民生银行的第十大股东。在2007年的胡润百富榜中，李兆会因持股民生银行，身家飙升至85亿元，排名第78位，身家较2006年暴涨了112%，并成为最年轻的山西首富。然而据一位内部人士透露，这起投资的功劳主要应归其父亲李海仓，而不是李兆会。

巨大的成功，使得李兆会更加醉心于资本市场，其心思渐渐远离了钢铁主业，平时也不在海鑫钢铁办公。

从2004年开始，他先后建起多家投资平台公司，从事对基金、证券、影视等领域的投资。业内人士说："李兆会的上述投资，大多带有金融投机性质，李兆会不时套现退出。虽有所收益，但大部分实业投资都亏了。"这些投资没有再现投资民生银行的辉煌。回报较低的现实之下，李兆会并没有停止投资，仍然先后在资本市场买入多家上市公司股票，大多数并未长期持有，而是逢高抛售。

资本市场获益乏力，加上实业后台海鑫钢铁的连年亏损，原来海鑫钢铁的实业中可用作担保抵押的标的不断减少，李兆会和海鑫钢铁的金融链条自然就越拉越紧，断裂便成为早晚的事了。

第二，多元化业务难以与主业形成协同效应。

李兆会在资本市场频频大手笔出手的同时，还尝试多元化投资。2009年，李兆会先后斥资亿元在北京、青岛建设了两家“儿童体验城”。如果不是迫于破产困境，按照他的先前规划，该项目将陆续布局成都、上海、天津等大城市，还将在动漫、玩具以及儿童医药、服装、教育等相关行业领域拓展。这些投资同样占用了海鑫钢铁大量的资金流，也为其破产危机埋下隐患。

李兆会所涉猎的诸多行业领域跨度大，各行业领域与钢铁主业之间相关性很低，难以形成协同效应。对主业的忽视和经营低效，使主业的核心能力无法延伸与拓展到新开拓的业务领域上。因而，多元化战略早已注定以失败而告终。

第三，钢铁主业管理粗放，低效运行。

作为典型的家族企业，海鑫钢铁内部的管理比较粗放，存在任人唯亲、人浮于事、内部人控制等大型家族企业的常见问题。

海鑫内部人士表示，海鑫集团的没落，实际问题恰恰出在日常管理上。“你上面就光顾自己捞，下边也跟着捞。李兆会什么都不管，李兆霞（李兆会之妹）光顾自己挣钱，李春元卖点炼钢的废料都能变成富翁，这厂子能养活好几个千万级的富翁，一结算却赔本。”他说，“一辆运原料的车，在进货时去那儿反复转几圈，就等于拉了好几车的原料，钱都进了他们的腰包。”

一些质劣价高的采购，在一定程度上对经营造成了困扰。同样是海鑫内部人士反映，新买的供料车，前进挡就坏了，入库时得倒车倒进去；原料质量也不好，钙灰粉掺了石墨粉，硅锰镁合金进了几百吨都不达标等。

面对经营管理困境，海鑫钢铁在李兆霞的实际管理下，也曾启动改革，推行生产管理的现代化、经营管理的多样化。

早在2010年底，海鑫钢铁在李兆霞的主导下进行了一次有关人事和业务运作方面的强力改革。改革和管理提升无疑是必要的，可惜市场没有给这场变革留出足够的时间。

中国钢铁工业协会副秘书长、冶金工业规划研究院院长李新创介绍说，钢铁行业主业从2011年四季度开始陷入亏损。在这样的环境下，钢企之间竞争惨烈。不过，在他看来，海鑫钢铁需要反思的是：“面临同样的宏观环境，为什么别的民营钢企没死？银行为什么光抽你的贷？”

同样是民营钢铁大家的杜双华，2003年创建日照钢铁，在2010年创造出45亿的净利润。

在处于转型时期的中国商界，有一些企业老板开始对运作实业不感兴趣了，因为发现做实业赚钱太慢，开始倾力做起资本运作来，甚至带有某些投机的成分，但实体如果没有良性运作，终将会陷入实业空心化、资本泡沫化的境地。

三代人联手造成败局

首先，不合适的接班人 + 合适的老臣辅佐，海鑫核心层“主弱辅强”的格局为后续的乱象和败局埋下了祸根。

还没来得及思考物色接班人、更谈不上培养接班人的李海仓，于2003年1月在集团办公室遭枪杀身亡。突发变故，在国外留学的李兆会被紧急召回。

李家大家长、李兆会的爷爷李春元主持召开家族会议，商讨遗产继承权和新任董事长人选问题。由于海鑫集团是由李海仓以一己之力创办而成，其所持有的90%多的股份，在没有任何争议的情况下，绝大部分给了长子李兆会。然而，在新任董事长的人选问题上，李家内部却产生了极大的分歧。

李兆会的五叔李天虎，在海鑫集团总经理的位置上已经任职八年，无论是经验、能力和人脉资源，都是董事长的最合适人选，但由其担任董事长的这一提议却被李春元否决。随后有人建议由李兆会的六叔李天杰做董事长，李天虎继续担任总经理，但还是没能通过李春元这一关。

最终，李春元力排众议，执意由李兆会担任董事长，接掌这家万人规模的钢铁巨企。时年22岁、对接班没有丝毫准备的李兆会“黄袍加身”，被迫开始了企业家生涯。对于这样的决定，李家众人一片愕然。年轻的李兆会毕竟从未涉足过企业管理，加上对钢铁行业一无所知，谁都不敢保证他会把集团带往何处。

面对突如其来的千斤重担，就连李兆会自己都没有信心。在接受外界采访时，他曾坦言不想当董事长。然而，在这个以家族成员为核心的企业当中，大家长李春元一言九鼎，不容任何人违背。

为了让李兆会能快速上手，李家特地为他打造了一套保驾班子：五叔李天虎继续担任总经理，六叔李天杰则担任常务副总经理；曾和李海仓一起打天下的辛存海担任常务副董事长；还有其他十名“托孤”元老分别担任各部门要职，全心辅佐“少帅”。

如果当时李春元在确保所有权不变的情况下，能理性地把代表经营权的帅印交给五叔李天虎的话，海鑫钢铁就极可能避免出现破产的结局。

其次，支持将老臣干将排挤掉，为李兆会毁掉海鑫钢铁提供了操控条件。

李春元颇费苦心设计的保驾安排，使李兆会的接班貌似万无一失。但李兆会很快发现，表面上很多重要决定是由他来拍板，但实际上都必须经过李天虎和辛存海的最终审核。

由于李兆会在家族中是从小到大被宠惯了的，加上多年留学海外，在思维上与土生土长的长辈有着巨大的分歧，这种“傀儡”的滋味自然不好受。而更令他无奈的是，恃才傲物的李天虎并没把侄儿放在眼里，时常表露出对李兆会掌权的不满。自尊心受到伤害的李兆会进而下定决心要“夺权”。他以“离家出走”来要挟家族，迫使心疼孙子的李春元最终点了头。

就像电视剧里的宫斗戏一样，当初负责辅佐李兆会的叔父们和海鑫钢铁的创业者们，在随后两年相继以各种原因和方式被调整出了决策层。李海仓时代的元老基本都走了，李兆会在此时才真正掌舵海鑫钢铁，其醉心的资本运作大戏才得以真正顺利上演。

殊不知，正是这一场“宫斗”加快了海鑫钢铁衰败的进程。

早在李兆会转向投资时，就让自己最信任的六叔李天杰掌舵海鑫钢铁。而2009年后，李天杰逐渐淡出管理层。有消息称，两人因为发展重心的问题闹僵，随后心灰意冷的李天杰最终选择离开。而接替六叔李天杰的，则是李兆会的妹妹李兆霞。

不幸的是，李兆霞对企业经营既不懂也不上心。更有传闻说，李兆霞在嫁人后一心想摆脱李家，不但不管公司业务，反而“光顾自己捞钱”。

董事长的不专注，高层的不尽责，让这个原本辉煌的企业错失无数机会，进而逐渐陷入绝境。

海鑫钢铁出现如此局面，究其原因，可说是李家三代人联手造成，但归根结底，源于创始人没有适时构建一套合理的接班制度。

海鑫钢铁的衰落教训是极为惨痛的。

周凌峰点评

1. 资金链条断裂是造成海鑫钢铁濒临破产的直接原因，但不是根本原因。

面临同样的宏观环境，为什么别的民营钢企没死？银行为什么光抽海鑫钢铁的贷？忽视风险防控，被抽走大量资金盲目投资，最后缺血或失血过多而死，是中国民营企业典型的死法。

那么为什么要到处乱投资呢？因为少帅无心经营原有钢铁企业，喜欢资本运作。我们可以假设一下，如果当初没有受让中色股份所持民生银行股权，李兆会的财富便不会暴增，也不会更加浮躁，进而迷失，把自己引向投资乱象中。天令其亡，必令其狂，这似乎是老天在故意捉弄李家。常人容易把一时的大成功看做是自身才高八斗的结果，李兆会也不例外。

在此，我们得出一个结论：面对一时的成功，不要让胜利冲昏自己的头脑，一定要清楚是运气还是真正能耐所致。

2. 缺乏良好的接班人制度，家族治理严重失败，这才是问题的根源所在。

A. 李海仓自始至终没有考虑接班问题，这个不是个案，而是中国民营企业普遍存在的问题，可以说，大多数民营企业没有成文的接班人制度。甚至有相当多的老板回避这个问题，似乎说到这问题就不吉利似的。做企业，风险无处不在，其中一个风险就是企业家自身的风险。这一问题必须要解决好，否则一旦风险发生，企业就会陷入仓促接班、混乱宫斗的局面。

B. 李家可以说是家长治理，最老的家长李春元说了算。李春元做出不恰当的决策，不能人尽其才，物尽其用，导致家族不和，纷争不断。我们并不是说家长治理不好，而是说，保障家长做出正确的决策才是关键。当年康熙继任皇位，清朝大家长孝庄皇太后做出明确的决策，并给孙子良好的引导和帮助，让康熙成长和得到历练。可以说，家长孝庄皇太后功不可没。可惜李春元不是孝庄。如果李春元能引进外部顾问，作为第三方力量介入，站在中立的立场，组建合理有效的辅佐班底，避免失败不是不可能。人贵有自知之明，当自己没有能力时，借助智囊或者权威人士的力量化解家族危机才是明智之举，而不是一意孤行。

海润光伏的巨亏算盘

先是宣布 10 送 20 的高转送，再是前三大股东套现，最后是预告 8 亿元巨亏（实际亏损 9.48 亿元）——在资本市场上这一过火的表演，使得海润光伏的董事长，被誉为“中国光伏教父”的杨怀进，受到了上交所的公开谴责。然而，相对于杨怀进个人，投资者最关心的还是海润光伏怎么会巨亏，又为什么在 2015 年第一季度突然实现了业绩反转。

2015 年 4 月 23 日，也许是“中国光伏教父”、海润光伏科技股份有限公司（以下简称“海润光伏”）董事长杨怀进最难以启齿的日子。这一天，上交所对包括杨怀进在内的海润光伏三大股东及其高管团队成员进行了公开谴责。上交所认定，海润光伏相关责任人在履行信息披露义务方面存在严重违规事项。

祸不单行的是，由于海润光伏自 2013 年亏损 2.02 亿元后，2014 年再度亏损，且高达 9.48 亿元，在被上交所公开谴责的第二天，海润光伏的股票简称，也由“海润光伏”变更为“*ST 海润”。

按理说，戴上 ST 帽子的海润光伏一定会被资本市场做空，但是，海润光伏很快在 4 月 30 日通过公布 2015 年第一季度实现的 0.24 亿元净利润，对自己此前的负面新闻进行了“对冲”，此后截至 5 月 11 日期间的交易日内，海润光伏的股价整体呈现上扬趋势。看来，中国最大晶硅太阳能电池生产企业之一的海润光伏，似乎并没有想象中那样糟糕，其在玩味资本市场的同时，也同样在被资本市场玩味。

玩味资本市场

因为杨怀进的存在，海润光伏在中国光伏行业中有很重的明星味。

杨怀进，1963 年生，1985 年获得上海财经大学经济学学士学位后，进入国企上海石化公司，后远赴澳大利亚麦考瑞（MACQUARIE）大学攻读经济学，于 1994 年获得硕士学位，其后加入澳大利亚国籍。从杨怀进的学习履历看，其和光伏学科并无任何交集，但其在澳大利亚留学期间，结识了同出于世界太阳能之父马丁·格林（Martin Green）门下的施正荣和赵建华。之后，杨怀进发现，可以利用他们在光伏研究上的成果，回国大施拳脚。

杨怀进是中国光伏行业的垦荒者。回国后，杨怀进不仅和施正荣、赵建华一起组建过无锡尚德、中电光伏，还和靳保芳一起创建了晶澳太阳能，并先后将这三家公司送上资本市场。

2009年，杨怀进决定独立发展，组建自己的海润光伏。2010年通过获得股权，杨怀进进入当时停牌的上市公司ST申龙高科，其间，杨怀进带领自己原晶澳的团队，通过联手新的大股东江苏紫金电子集团有限公司，对ST申龙高科完成了资产和团队重组，由此控制了ST申龙高科。到了2012年2月，ST申龙高科复牌上市，三个月后，ST申龙高科正式更名为海润光伏。这是杨怀进继对无锡尚德、中电光伏、晶澳太阳能之后的第四次资本运作，和将前三家直接送上资本市场手法不同的是，对ST申龙高科的控制，实际是颇为烦琐的借壳上市。由此可见，杨怀进对公司资本运作颇为熟练。

但是，替代ST申龙高科的海润光伏，却没有呈现新气象。2011年决定重新上市前，海润光伏的大股东承诺前三年公司净利润不低于4.99亿元、5.1亿元和5.29亿元，但结果是，2011年由大股东补足0.97亿元的差额；2012年在政府买单4.54亿元的基础上，再由大股东补足5.08亿元的差额；2013年的亏损迫使大股东一改7.31亿元现金补偿的承诺，以向除原海润20名股东外的中小股东强推10转1.6股的方式“一转了之”；2014年在光伏产业一片大好的形势下，在有竞争力的企业中，只有海润光伏和英利成为落跑者，两家公司分别净亏损额为 9.48 亿元和 12.998 亿元（按亏损额 2.095 亿美元换算）。

在业绩连续不振，及 2014 年出现巨亏形势之下，海润光伏的前三大股东各怀心思，并采取了行动。

第一步，宣布高转送利好消息。2015 年 1 月 23 日，海润光伏发布公告，提议实施“每 10 股转增 20 股”的利润分配方案。当日，海润光伏收获涨停板，股价报收于 10.31 元。此前，海润光伏的股价已有过一轮上涨——1 月 5 日至 1 月 23 日间，在没有明显利好的情况下，海润光伏股价已从 6.89 元涨至 9.37 元。

第二步，前三大股东集体套现。上述利好消息之后，海润光伏的前三大股东江苏紫金电子集团有限公司（以下简称紫金电子）、江阴市九润管业有限公司（以下简称九润管业）和杨怀进旋即实施减持套现。根据公开消息，紫金电子和九润管业宣布，自 1 月 22 日起未来 12 个月内通过协议转让、大宗交易、二级市场交易等方式将全部减持，而杨怀进宣布自 2015 年 1 月 22 日起未来 12 个月内减持股票数量不超过 3453 万股。

实际上，二股东九润管业早在 1 月 14 日至 20 日期间合计进行过占总股本 5% 的减持，共套现 6.16 亿元，而大股东紫金电子也在 1 月份减持所持股份，共套现 2.89 亿元。

在发布再度减持消息后，九润管业又在 1 月 27 日及 28

日两天内再度追加占总股本4.98%的减持，套现6.89亿元，由此率先退出海润光伏前三大股东席位，而大股东紫金电子则同步跟进减持。至4月8日，紫金电子仅持有500万股海润光伏公司股票，占总股本的0.32%，由此，杨怀进持有公司总股数1.38亿股，占总股本的8.77%，成为公司第一大股东。

第三步，发布预亏利空消息。发布高转送利好消息，及前三大股东集体套现接近尾声后，1月30日，海润光伏发布了预亏8亿的公告（实际亏损9.48亿元）。

股东套现，本属正常行为，但在整个三部曲中，海润光伏前三大股东的套现行为却存在逻辑性的反常。先是通过发布利好消息拉升股价，然后在高位时，股东减持，直到减持行为接近尾声时，再发布预亏的利空。因此，海润光伏严重违反了《股票上市规则》和《上海证券交易所上市公司董事选任与行为指引》的相关规定，以及在《董事（监事、高级管理人员）声明及承诺书》中做出的承诺。

海润光伏为玩弄资本市场的行为付出了代价。上交所不仅对包括杨怀进在内的海润光伏三大股东及其高管团队进行了公开谴责，还将纪律处分抄报江苏省人民政府，并记入上市公司诚信档案。

但是，海润光伏的股东及其管理者，为什么宁肯背负不诚信和玩弄投资者的骂名，还坚持玩这场游戏？《经理人》

分析认为：第一，由于光伏行业属资本密集型，而海润光伏的大股东在前几年不断投钱补足利润差额后，已经不愿意陪着海润光伏继续玩下去，因此要脱身而走；第二，由于无法从现有大股东身上获得更多的资金支持，杨怀进或希望通过扩大股本，重新选择新的大股东。对于后者，杨怀进有过公开的表述。

玩味海润光伏

接下来，升级为大股东的杨怀进及其领导的团队，一方面必须尽快找到新的投资股东，一方面必须努力反转公司业绩。相对而言，后者更为现实，因为只有拿着业绩才能和新的投资股东进行更高的议价。

2015 年 4 月 30 日，海润光伏发布的一季度业绩显示，公司实现盈利 2300 万元，折合每股盈利 0.02 元，同比增加 140%。从 2014 年实际亏损 9.48 亿元，到 2015 年第一个单季迅速实现盈利 2300 万元，海润光伏过快的业绩反转很匪夷所思，我们需要研究一下海润光伏为什么此前会亏损，其新的成长动力到底来源何处。

先看海润光伏 2014 年亏损 9.48 亿元的原因。根据海润光伏的解释，2014 年亏损有两点原因：一是受资金影响，项目启动较晚，同期开工建设的项目推进力度受到了限制；另外，受国家能源局 2014 年下半年出台相关政策的制约，延迟了项目的出售进度，极大地减少了当期项目的可实现利润。

第一个理由可能成立，因为国家从“审批制”改为“备案制”之后，不少光伏项目的实际启动时间是在 2014 年 9、10 月份，短短两个月建成并网的可能性很小，因此推进速度显得比较缓慢。但是，此前海润光伏应该有一些储备项目，不能完全指望国家给大量批文，而即便是建成并网后，电站的转让也未必能在当年出现结转。

第二个理由，海润光伏称“受相关政策制约”延迟出售进度。其所指的“相关政策”是否与国家打击“路条”有关，还很难说。因为从 2014 年下半年来看，多数政策都是正面积极的，唯一有影响的就是“路条”转让收紧，而海润光伏手上的路条数量，暂时没有详细统计。

其实，2014 年前三季度，海润光伏的业绩虽还没有扭亏，但同比已出现好转。2014 年前三季度，该公司的营收为 48.43 亿元，同比增长 32%，而实现归属于上市公司股东的净亏损是 4198 万元，同比 2.21 亿元的亏损已大幅减亏，而第三季度单季的实际营收也为 15.18 亿元，同比减少了 5.58%，净亏损为 4730 万元，但在第四季度居然亏了 7 亿元以上。

耐人寻味的是，事实上，每年第四季度是国内电站、并网和结算的高峰期，很多企业都在第四季度业绩大涨。2014 年国内的并网量从前三个季度的 3.79 吉瓦猛增到全年的

10.52 吉瓦，完全是靠着第四季度的业绩拉升，唯独海润光伏反其道而行之。

海润光伏的电站布局情况到底是怎样的呢？

2013 年海润光伏开发的电站为 150 兆瓦的 EPC、174.2 兆瓦的并网电站，带来了 8.8 亿元的收入，比东方日升、向日葵等竞争类上市公司都要高，而在 2014 年，除了其自己开发、全资持有的 96 兆瓦项目并预计带来 1.2 亿元收入之外，海润光伏与顺风清洁能源（港股公司）合作的项目有 499 兆瓦，确认收入的是 369 兆瓦；此外，其本身的项目开发规模也在 430 兆瓦左右，分布于云南、山东、河北等地。因此，从运营角度，海润光伏的发展动力强劲，但 9.48 亿亏损究竟出在哪里？这就需要从财报上进行解剖。

翻看海润光伏 2014 年财报，出现了一个颇为壮观的数据变化。公司的营业收入为 49.58 亿元，仅比 2013 年增加 4.2%，但是相比之下，销售费用、管理费用、财务费用三项成本，却分别比 2013 年增加了 38.63%、29.95%、55.33%，为 1.32 亿元、6.04 亿元、5.18 亿元。另外，公司的另一项关键成本——资产减值损失，更比 2013 年大增约 159%，为 3.42 亿元。四项核心成本合计比 2013 年大增约 55.76%。

在资产减值损失明细中，海润光伏变化最大的是坏账损失、固定资产减值损失和商誉减值损失，三者分别比 2013

年增加约 124%、309%、121%。

根据会计科目的关系，资产减值损失对应的是资产减值准备，前者属损益类科目，后者属资产类科目，两者可以互相转换。比如确定固定资产发生减值时，就直接转入损益类科目，如果资产的价值又得到恢复，就在原已计提的减值准备金额内，按恢复增加的金额计算。

因此，我们不能不怀疑，海润光伏在业绩增长乏力的情况下，有意将成本费用一次摊销进 2014 年，即所谓的利空出尽，以期 2015 年实现咸鱼翻身。

在 2015 年的董事长致辞中，杨怀进这样说过："2015 年，国家能源局在元旦前连发三文力挺光伏产业，着力强调其对于保障国家能源安全、优化能源结构、改善大气环境的战略意义，力求做好太阳能发展'十三五'规划编制工作，提前打响了 2015 年光伏产业的政策春雷，在这种开年利好的形势下，让我们继续投入到新的战斗中。"杨怀进说到的这个大背景，其实就是国家能源局当时发布的最新规划，即在 2015 年中国光伏行业新增容量为 17.8 吉瓦，2016 年 2 月，在北京确认中国 2015 年太阳能装机量新增 15.13 吉瓦后，中国正式超越德国，成为全球太阳能装机量的领导者。

对于将业务重点从此前多晶硅原材料加工到导向光伏电站的海润光伏来说，这或许是一次利用大势，实现业绩崛起的最佳时机。海润光伏 2014 年带有明显账务行为的巨亏，或许只是为了等来2015年的逆转。

果不其然。4月13日，海润光伏和联合光伏（港股公司）签署了一笔930兆瓦光伏电站项目，如果合作完成，海润光伏将从中受益88亿元。对于海润光伏而言，就算不包括截至2015年底前产生的其他新收入，仅依靠这笔巨额收入，就足以消化掉此前的亏损，而且也对其2015总体业绩的提升，产生巨大利好影响。

当中国不少光伏同行期待这门亲事开花结果之时，联合光伏于2016年1月15日晚间发布的一则消息令业界震惊。联合光伏称，因海润光伏未达成合作协议，为此联合光伏向中国国际经济贸易仲裁委员会提请仲裁。不过好在虚惊一场，百亿大单仲裁撤销，这场一波三折的合同纠纷似乎有了皆大欢喜的结果。

仅从业绩上来看，海润光伏全年实现扭亏摘帽有望成为大概率事件。

周凌峰点评

1. 精于枪者死于枪，精于刀者死于刀。海润光伏杨怀进把三个公司送上了市，可以说是一个资本市场的老手，他玩弄资本市场，结果也被资本市场玩弄，这是再正常不过的了。有不少创业家，其实一开始不是为了创业，创业的目的是为上市圈钱或通过资本运作圈钱，实业经营是名，资本运作是实，总之初心不正，也就种下一个不好的因，最后的结果自然是苦涩的。

2. 在这里，顺便给我们的一些股民提个醒，你在买股票的时候，可以考虑三个因素：业绩层面、公司治理层面、人才层面，尤其是人才层面的创始人的价值观很值得考察。创始人在创立企业之初，就给这个企业种下了“因”——价值观，这个“因”决定了企业这棵植物能开出什么花，有的花很漂亮，但不结果，有的花不漂亮，但结果的果实不错，最终的“果”由前面种下的“因”决定，这也算是企业界的因果律吧！

被“砸坏”的锤子手机

锤子手机遭遇难堪的根本原因是产品太过“着急”，物料供应能力、驻场品控能力、创意落地实践能力、代工厂生产问题等未能及时提高与解决，这是锤子在生产链流程上不够成熟，配套能力跟不上产品要求的表现。

打着“情怀”的口号，喊了两年多的老罗终于在2014年的发布会上，给人们带来了首款锤子手机Smartisan T1，高格调的智能手机仿佛就此有了市场空间。

从锤子科技官方给出的数据来看，公司已收到订单预付款高达8000万元，预计实际手机订量为20万台左右。但锤子手机的发货量，却同预订量形成巨大反差，且发货之后没多久，网上便出现了不少对该款手机的负面评论。

由于“消化完我们目前已有的订单，还需要几个月的时间”，罗永浩和锤子科技在微博上建议用户尽量退款，退款用户可以保留预订排位，取消订单也可以得到300元代金券作为补偿。

锤子手机出现了严重的产能不足，产品生产良品率低，在工业设计上太过理想化，与富士康关系变糟等问题，让锤子科技陷入公司自成立以来最大的公关危机，渐渐被逼宫至垂死的边缘。为何老罗和他的锤子手机会经历如此煎熬？锤子手机的问题究竟在什么环节？

测试不足盲目上市

不容置疑的是，老罗做“锤子”，会成为日后互联网人做硬件必看的创业案例，锤子手机所遭遇的问题，很多现在从事智能硬件创业的团队也遭遇过，只是他们造势没有“锤子”这么凶猛，也没有“锤子”这么“心急”，最终没有出现“锤子”这般“十面围城”的难堪局面。

锤子手机最根本的问题在于产品的开箱不合格率太高，是产品问题。

传闻中锤子手机要在屏幕玻璃CNC开两个孔，这样的工艺设计难度非常之大，甚至在很多行内人看来有些不切实际。老罗的首批锤子手机，对工艺设计的要求太高，需要用“极致”的产品来满足人们的高期待，但老罗并非乔布斯，苹果也并非一开始就可以做得那么极致，老罗太迫切地推出锤子市场版，走得着急反而会摔跤。

作为一名手机的用户，无论是否是老罗的粉丝，都不会过于关注这款产品制作的整个流程究竟有多麻烦，其关注的重点还是产品。

当用户因为相信老罗和他的锤子手机，而拿到了开箱不合格率极高的锤子手机之后，锤子手机漏光、按键凸起，甚至是背部摄像头裸露等问题一再出现之后，声讨老罗和锤子手机的声音比一直就有的唱衰声大了数倍，甚至还上升到科技头条，给锤子手机带来了很恶劣的公关压力。

开箱合格率指的是开箱检验合格数量 / 开箱检验总数。目前而言，手机行业针对开箱合格率这一数据并未做出过多透露，妄图得到行业的开箱合格率标准数据更是天方夜谭，但锤子手机 97% 的开箱合格率所代表的含义则是：每 100 名锤子手机用户里，就有 3 名用户的产品有硬件问题，有很大的问题投诉空间，每 1 万名锤子用户里，就有 300 名用户可以“吐槽”了。

按照锤子手机的出货量而言，锤子手机首批发布的数量已经超过了 2 万台，这就意味着至少有600 名用户在“吐槽”锤子手机上有绝对的话语权。想一想，在今天这个智能手机创新遭遇瓶颈、行业增速放缓的时间点，才放出去 2 万台手机就有 600 名用户可以联合起来找锤子手机的麻烦，这是多么恐怖的事情。

此外，对产品进行测试再放出市场是硬件生产流程的必经之路。成熟的硬件需要根据测试实验中的问题进行优化，然后经过再一轮的小范围公测，最后再上市。甚至很多从业人士还期待内部测试实验的过程中能发现问题，因为他们觉得产品面向大众上市之后再出现大量问题，情况会很糟糕。

小米手机和魅族手机的第一款产品，都是经过了小范围的公测的，并在他们公测的时候获得了很多的反馈。相比他们，锤子手机的生产就显得有些仓促。锤子手机应该是走过了内部测试的环节，但缺失了一个小范围公测的环节，直接就开发布会大卖，这样的做法，直接导致锤子手机在不成熟的状态下就面向大众。

原本老罗对于锤子手机的工艺设计要比一般的智能手机要求高，却没有沉下心去多测试，这其实是致命的做法。让代工厂挑战如此高要求的生产任务，在产品的品控能力和与物料商的沟通协调能力方面，也还存在很大问题的情况下，就推出产品，实在是太过着急了。纵然老罗在锤子产品前期的产品造势上做出了很大的成绩，但一款成熟的硬件产品要更为稳妥地走向市场，还需要非常用心地走过测试、实验、优化三大流程。锤子手机在优化上还有着很大的空间，没有更好地做足优化的基础，是锤子公司因为产品陷入公关旋涡的重要原因!

生产链把控能力不足

无论是手机还是其他的智能硬件，生产链都是其发展的核心，做硬件如果在生产链方面太过落后，纵然团队的销售能力与品牌传播能力都极强悍，也难以让产品实现最大规模的市场化。

此前，罗永浩曾表示，他希望锤子 T1 能在 12 个月的生命周期里达到 50 万部的销量，但随后老罗自己声称：锤子上市至今，连 48000 台手机都没能生产出来。这也难怪大家都指着产量唱衰锤子手机了。

锤子手机的产量之所以如此令人不满意，主要原因是锤子的生产链做得不够好，最明显的两个表现就是：一是锤子公司不该在舆论上将产能跟不上的问题一味推给富士康；二是老罗对手机工艺要求太高，导致锤子手机在工艺设计上出现问题，物料商难以按时提供锤子手机的高要求元器件，拉低了整个锤子手机的生产效率。

这两个方面，最为阻碍锤子发展的便是锤子手机工艺设计要求太高。嘴巴一贯“有点毒”的老罗在发布微博时，被人们解读为，老罗将锤子手机产能跟不上的原因，怪罪于富士康的工人们，最终在网络上引起巨大风波，锤子手机瞬间就在网络上站在了富士康的对立面。但在老罗一再的澄清下，富士康还是没有在生产线上全力支持锤子，这是因为，由于锤子手机工艺设计要求太高，良品率太低，富士康进行代工生产时难度太大，给锤子手机提供特定元器件物料的供应商，无法按照锤子手机的重要元器件生产规范，按时完成这一特定元器件的产量，最终在物料上拉低了整个生产链的运行效率。运行效率拉低之后对富士康的代生产也有不利影响，加上舆论上很多人在质疑富士康的生产能力，富士康干脆冷落这样的麻烦订单。

这两大原因，无论是富士康没有安排专用的生产线，与锤子科技发生了生产矛盾，还是物料商那边未能按要求按时提供零件，都属于硬件生产链的问题。小米手机刚刚面世的时候，也曾在生产链上遭遇了很多麻烦，但随着小米手机生产链能力的成熟，到如今，小米手机的生产链在互联网硬件领域已经算是取得优先地位了。

传统企业的优势就在于这些生产供应链上的优势，做硬件不容易，甚至比做软件做应用更为麻烦，锤子手机超预期的预订跟高工艺的生产链跟不上，最终导致其在公关旋涡中不能自拔了。

锤子手机在生产链上的问题，是很多互联网商做硬件都会遇到的问题，如果锤子手机没有这么大的影响力，硬件生产链也不会被这么大频率地公开出来。锤子要解决产量问题，根本难题就在于如何按照自己的工艺设计，与物料商协同获得更多合格的高要求元器件，只有这些生产的材料问题都解决了，生产效率才能够跟上。

锤子的四大内功修炼

他山之石，可以攻玉。竞争对手的优势，可以转变成自己的优势。参照小米手机，锤子手机还可以有以下改进空间。

一是团队作战能力。雷军的团队，无论是产品设计、硬件生产，还是产品营销，每一模块都有一个创始人负责，每个人都能独当一面，是真正的团队作战。老罗更像“孤寂的英雄”，基本是老罗一个人在战斗。站台、发声，让人难忘的罗氏调侃语言，吸引了大批粉丝的是老罗本人，而不是锤子团队。

二是产品质量的把控。锤子手机刚上市就遭遇那么多用户吐槽，主要原因是在手机质量方面。如果没有很好的软硬件适配以及过硬的工艺设计，那么再好的配件、再好的用料都是硬件的简单堆砌，发挥不了硬件本身的价值。这也是雷军常常把硬件、软件及互联网服务“铁人三项”挂在嘴边的原因。

三是供应链渠道掌控能力。一个出色的制造企业要有优秀的供应链渠道掌控能力，从前端的芯片设计、硬件制造到后端的终端营销，整条产业链环环相扣，紧紧卡住电子产业链的核心环节。尽管小米手机也曾饱受上游零配件供应脱节、产能跟不上市场营销节奏的困扰，但是令人刮目相看的是，小米手机芯片傍上了行业巨头高通，制造环节搭上了英华达、富士康等老牌代工企业。相比之下，老罗却在为锤子手机的产能头痛。

四是价格定位与盈利方式。小米手机一代直接以1999元的定价奠定了小米手机“高配低价”的形象。小米卖手机可以零利润成本价，凭借手机圈住庞大用户群，再通过应用软件分发、手机配件、手机主题、手机游戏、手机支付等增值服务获利，一部手机形成一个生态圈。锤子手机如果仅仅靠手机本身的超额定价盈利，那么锤子手机又回到了传统手机厂商的盈利模式。

周凌峰点评

1. 经营是扬长避短，管理是取长补短，经营和管理像太极图的阴阳，独阴不长，独阳不生。锤子手机在营销前端搞粉丝营销，打情怀牌，有一定的效果。在“阳”方面，锤子手机仅仅靠老罗一个人在营销前端“制造”粉丝，而不是一个营销团队，后续乏力是肯定的。我们说这是经营的“阳”不足。在管理的“阴”方面，似乎短板非常突出，按照本文的分析是生产链跟不上，如：测试不足盲目上市、生产链把控能力不足，尤其是测试、实验、优化三大流程没有用心，加上一开始锤子工艺设计要求太高，元器件供应商不给力，代工厂家积极性不高，造成我们说的“阴”不足。可以说这些都是锤子手机管理不足。

2. 没有真正独当一面的团队，靠老罗一己之力来做锤子手机，结局是可以预料的。任何创业或事业的成功首要因素是团队，只有一个有战斗力的团队，才能真正把使命愿景落地，情怀才能真正释放。假设锤子手机有像小米手机一样的独当一面的团队，老罗在前台营销、战略定位、统筹团队，团队内部各自分工负责，如战略定位与营销、生产供应、供应链渠道掌控、质量控制，老罗也不会那么累，也许不会陷入窘境。

第四章 经营黑洞

成 功 是 无 规 律 可 循 的 偶 然

失 败 是 能 够 推 倒 的 必 然

“醉倒”酒鬼酒

在上世纪90年代，曾和茅台、五粮液分庭抗礼的湘西名酒酒鬼酒，自2012年底爆出塑化剂事件以后，一直处在低迷的困境中。酒鬼酒2014年亏损9748万元，这是酒鬼酒连续第二年亏损，较2013年3668万元的亏损额有所扩大，成为白酒行业中第二大亏损上市公司。但罗马并非一日建成，酒鬼酒陷入亏损困境，实际上和其隐藏在背后的“经营黑洞”有关。

十年黄金路，三年寻底期。白酒行业持续十年的一路狂奔，在2012年因一场食品安全事件戛然而止，这场食品安全事件由白酒塑化剂开启，而打开这个潘多拉魔盒的主角正是酒鬼酒。

2012年11月19日，酒鬼酒被曝出塑化剂含量超标高达260%，可影响发育和导致肝癌。酒鬼酒因媒体报道，当日股票临时停牌。由此开启了酒鬼酒“跌跌不休”的漫长时光。2013年净利润亏损3668万，2014年度净利润亏损

9748万元（截至2015年3月1日前预告披露）；虽然塑化剂风潮已过去，但酒鬼酒一直没有走出塑化剂的阴影。

翻看酒鬼酒的历史，可谓星光斑斓，由艺术大师黄永玉赋名，酿酒大师吴晓萍定型酒体，更不乏企业家王锡炳、资本玩家刘洪、五粮液总经销体系缔造者徐克强等知名人物在其发展中留下足迹。它的产品售价在上世纪80至90年代长期高过茅台、五粮液，并曾经一骑绝尘，笑傲股市，却又几经沉浮，迅速沉寂。

酒鬼酒是否还能再创辉煌？面临行业糟糕的下行环境，曾经无限风光又何以至此困境？究竟酒鬼酒在经营与管理上犯了哪些错误？

曾和茅台分庭抗礼

白酒在国人生活中占据重要地位，是国人生活中的传统文化烙印，就如春节一样，在工业化社会的今天，仍然顽强地在人们的生活中延续，乡土亲情、山水意识、田园文化和农耕文明在酒中得以延续。所以，中国人离不开白酒。

自古深山出好酒，英雄向来不寻常。中国最有名的酿酒产区都处在风景秀丽的山区，酒鬼酒也不例外，提起酒厂所处的湘西，就会想起沈从文，就会想起文化、诗意和乡土边城。距离酒厂50公里就是凤凰古城，是新时代年轻群体向往的旅游好去处。正是这样的灵山秀水和民族风情，赋予了酒鬼酒独特的韵味风骨。

从整个白酒行业来看，酒鬼酒从骨子里透出一种“独特”，甚至可以说，酒鬼酒的快速崛起打破了这个行业的常理。大部分高端品牌的崛起，是由于历史悠久或与名人背书有关，艺术更多是后期的宣传手段，而酒鬼酒从一开始就与艺术和文化界有不解之缘。

艺术大师黄永玉的家乡就在湘西，他是个孤儿，少时游历南方，后遇弘一法师，在绘画方面无师自通，自成一派。100个艺术家99个喝酒，还有一个不喝酒的就是黄永玉，但这不妨碍黄永玉成为酒鬼酒的缔造者。从湘泉到酒鬼到内参，黄永玉一直是酒鬼酒产品形象的唯一设计者，这在中外艺术史上也是一段奇葩佳话，甚至酒鬼酒的名字都是黄永玉赋予的。

独特的包装与艺术家背书，为酒鬼酒赋予了超前的品牌形象定位。在上世纪整个90年代，酒鬼酒在该品牌创始人王锡炳领导下，价格一直高于茅台和五粮液，是当之无愧的高端白酒。

酒鬼酒一方面崛起于品牌的成功塑造，独特包装与文化定位，高品质、高价位和少量供应的产品策略，含而不露的传播风格，使其在上世纪90年代快速崛起。在产品供不应求的情况下，酒企无意识地进行了相对激进的价格策略，酒鬼酒的价格顺应市场水涨船高，自然而然造就了高端白酒品牌的定位，如果没有发生后来一系列的战略失误，如今酒鬼酒的品牌地位并不比茅台和五粮液低。

酒鬼酒的成功崛起另一方面也是因为采取了正确的渠道策略。白酒的消费特点是渠道引领性，政商引领与圈层消费是渠道策略的核心。通过对政府官员和文化界的持续投入，对领袖型消费群体的投入带来了群体性效仿进入大众市场。酒鬼酒正是抓住了经济快速发展的机会，尤其是在政商务消费规模均呈几何级增长的背景下，通过超高端品牌定位，持续拉动了高端消费群体的关注和体验，实现品牌与业绩的双丰收。

白酒业上市公司2014年度业绩表现

公司	2014 年度净利润预计	2014 年度净利润变动
茅台	无	无
五粮液	无	无
酒鬼酒	-9000 万至 -1.2 亿元	同比下降 145.00% 至 227.00%
水井坊	-4 亿至 -4.3 亿元	同比下降 160% 左右
皇台酒业	-4000 万元	同比下降 36% 左右
泸州老窖	8.59 亿至 17.17 亿元	同比下降 50% 至 75%
山西汾酒	3.36 亿至 4.32 亿元	同比下降 55% 至 65%
洋河股份	42.52 亿至 50 亿元	同比下降 0% 至 15%
今世缘	6.13 亿至 6.81 亿元	同比下降 0% 至 10%

注：以上数据截至 2015 年 3 月 1 日前公开信息整理，其中茅台、五粮液未披露业绩预告信息。

酒鬼酒困局详解

令人扼腕叹息的是，酒鬼酒在经过上世纪90年代的辉煌之后，却在进新世纪先后遭遇三次致命重创：第一次是2000年左右，由于体制等原因，当时管理层决策失误，酒鬼酒开始疯狂投资收购了很多不相关业务，这些业务如同黑洞一样将酒鬼酒拖入深渊；第二次是亟待输血的酒鬼酒，被政府民营化出售给资本玩家，经过再次被抽血之后，一蹶不振，直到中粮集团入主都未恢复元气；2012年底的塑化剂事件是第三次，在快速而广泛的舆论传播之后，酒鬼酒的品牌形象受到严重损伤，进入内外交困。

酒鬼酒所受到的三次重创事件，都绝非偶然，其本质上都和企业自己的经营责任有关。如果把这种责任再具体到管理层团队问题、战略与路径问题、品牌与产品问题、渠道模式问题等四大症结，就不难看出酒鬼酒为什么会走到这样一个难堪的局面。

经营团队动荡。企业的稳定持续发展离不开一个稳定的团队。早前受体制束缚，酒鬼酒在1997年上市之前属于承包经营制，这种经营模式造成了企业开创者具有过高权力，也导致了后来一意孤行的扩张之路；后期经过资本运作，民营退出、国企进入，几经易手，经营团队换了一拨又一拨，导致企业长期得不到一个稳定可持续的发展环境。而且几经沉浮之后，企业经营队伍中派系分布，内部管理效率低下，分配机制和激励机制难做到公平有效。

战略定位不清。酒鬼酒陷入的几次困境都与战略有关。第一次是在战略扩张期，产品供不应求的现状造成了决策层头脑发热，盲目地横向扩张，无法实现产业有效协同，导致资金流断裂。

第二次是在战略扭转期，虽然寻找民营投资方，但与企业主业经营方向无法协同，并且选定投资方是基于地缘关系而非企业战略主线，最终导致资本方卷款潜逃事件发生，后虽追回，但是对品牌和股市信誉造成伤害。

第三次是企业在高速增长环境下，对品质控制的失误。从深层次上说，也是由于酒鬼品牌定位过于单一决定的——其定位为高端产品，且渠道模式没有核心竞争能力，导致受外部环境影响迅速压缩业绩，跌落谷底。

品牌布局散乱。酒鬼酒对自身的高端品牌资产的保护不力，不断推陈出新的方式不适合奢侈品级的高端白酒品牌。从湘泉到酒鬼再到内参，酒鬼之下还有酒鬼封坛、酒鬼洞藏、酒鬼封印等系列。尤其是顶级的酒鬼洞藏系列产品被经销商买断，导致优质品牌资产处理失当。而且，酒鬼酒的主要产品分布在 400 元以上，在 400 ~ 1000 元以上的价位段内酒鬼酒拥有酒鬼系列和内参、洞藏等多个品牌，中低端品牌仅有湘泉，产品线分布头重脚轻，并且无法聚焦足够资源于关键品牌的发展，品牌之间的定位区隔也不明显，产品线过于散乱，导致高端品牌资源被稀释。

再者，各个品牌内的主力产品不突出，产品线分布过宽，导致主力超级单品的培育周期漫长，往往是新品推出良莠不齐，靠天吃饭，不能有效进行产品生命周期管理。

渠道模式羸弱。酒鬼酒此前的成功，应归功于其独特的产品包装。这种独特的包装，使得酒鬼酒从一开始就定位于高端市场，其商业模式和品牌运营，与五粮液的总经销制和茅台的超级品牌模式基本一样，都属于“上身强壮、下盘羸弱”的类型。

塑化剂事件爆发后，酒鬼酒原有的高端形象受到极大伤害，而为了寻求自己的生存空间，酒鬼酒不得不重拾起深度分销策略，希望通过销售下沉，以掌控县、乡镇市场。但是，这种相对适用于快消品的渠道打法，并没有使得酒鬼酒出现业绩回升，反而连续出现年度亏损。

在白酒上市公司板块中，与酒鬼酒非常类似的企业还有水井坊，不过与之不同的是，酒鬼酒现在有了一个新的国企主人——中粮集团。那么，未来的酒鬼酒，会不会一直这样彷徨下去呢？

作为中粮集团旗下唯一的一家上市公司，酒鬼酒不仅“秀外”而且“慧中”，储备充足的基酒资源、优质的产区背景、相对健全的省内与全国渠道网络，酒鬼酒唯一欠缺的就是一支稳定的企业管理团队。在国企改革与白酒板块日渐回暖的背景下，也许在中粮旗下的酒鬼酒，会有不一样的明天。

不过近期酒鬼酒发布2015年度业绩预告称，公司预计全年实现净利润8000万～9600万元，比上年增长182.17%～198.48%。业绩增长主要由于营业收入较上年同期大幅增长，期间费用较上年同期下降幅度较大。

酒鬼酒在2013和2014年度因业绩持续亏损沦为ST企业，2015年酒鬼酒将重心放至湖南本土市场，并于上半年密集发布中低端新品，通过招商大面积出货，借此改善销售业绩。

周凌峰点评

1.成功是偶然的，失败是必然的。成功是多种因素促成的，失败只需要某一两个因素或两三次“撞击”。就像文中所说的那样，翻看酒鬼酒的历史，可谓星光斑斓，由艺术大师黄永玉赋名，酿酒大师吴晓萍定型酒体，更不乏企业家王锡炳、资本玩家刘洪、五粮液总经销体系缔造者徐克强等知名人物在其发展中留下足迹。酒鬼酒十年的成功是多种因素促成的。在经过上世纪90年代的辉煌之后，进入新世纪的酒鬼酒却先后遭遇三次致命重创。上文分析中把这三次重创产生的原因归结为管理层团队问题、战略与路径问题、品牌与产品问题、渠道模式问题等四大症结，其实第一个是管理的问题，后面三个是经营的问题，但归根结底还是制度和人的问题。良好的公司治理和团队是企业持续的根基，离开了良好的治理，你保不齐今天出这个问题，明天出那个问题。有了良好的公司治理，能减少企业做出错误的决策，减少不称职的企业家或职业经理人上台。

2. 中粮集团接手酒鬼酒，能否下好这盘棋，就要看它怎么入手，从哪儿入手。从经营入手见效会快点儿，从管理入手见效稍微慢点儿，而经营和管理都是需要解决的问题，但要想长治久安，则是从公司治理入手。建议中粮集团真正按照一个现代企业，尤其是按照一个上市/公正公司的标准，夯实公司治理这个基石，同时打造一支优秀的经营管理团队，这是酒鬼酒持续发展的基础，也是酒鬼酒的未来。

七匹狼：灰暗“图腾”

2013年，在男装行业一度引领风骚的七匹狼陷入低谷。营业收入和净利润出现十年高增长以来的首次双降，并关店505家。究其原因，既有高歌猛进时代留下的后遗症，也有当今互联网时代转型的新问题，包括粗放的渠道扩张方式、低效的库存管理，以及在O2O转型中的战略模糊不清。

近年来，受到终端需求持续疲软、国际“快时尚”品牌在国内快速扩张和电商渠道冲击线下渠道等多方面因素影响，国内男装产业发展出现前所未有的困境。大部分企业经营业绩不佳，甚至出现亏损和破产局面。作为国内较早上市的商务男装品牌，七匹狼与其国内多数竞争对手一样，2013年在规模与收益等多方面出现了下挫。

2013年，七匹狼营业收入为27.74亿元，同比下降20.23%；营业利润4.64亿元，同比下降38.47%。这是七匹狼在连续十年实现营业收入快速增长之后，首次业绩下滑。与此同时，在多年实体渠道快速扩张之后，2013年，七匹狼终端渠道较上年净关店 505 家。七匹狼在 2013 年的表现，恰如安踏、匹克等运动品牌在 2012 年的翻版：营业收入下滑、利润下滑、门店数量削减……

多年来粗放的渠道扩张方式、低效的库存周转，以及线上线下发展协同问题等，都牵制着七匹狼的发展。当中国服装行业走出“十年黄金期”的时候，七匹狼也走到了其“十年辉煌期”的十字路口。

“十年辉煌”的隐患

利用十年发展，在全国拥有 3000 余家终端网点，多家大型旗舰店和生活馆，七匹狼一直走在国内男装行业渠道模式的前列。然而在迅速发展、遍地开花的繁荣景象背后，“批发销售”的核心模式决定了七匹狼粗放扩张的成长基因，也进一步注定了其发展的步履艰辛。

七匹狼在发展之初受资金、资源等多方面因素限制，率先提出代理制商业模式，借助合作代理商，层层授权，扩张终端经销商规模。在全国 3500 家实体店中，有 3000 余家加盟店都是以此种方式建立的。尽管七匹狼在渠道管理上先后引入 CIS 系统、ERP 系统，但在规模为主导的扩张中，对终端市场的控制力度仍然有限，对终端市场变化的反应速度滞后。在 2013 年国内服装行业遇冷的情况下，高库存积压给七匹狼的业绩来了“当头一棒”。

实际上，在2010年，七匹狼已经认识到了渠道下沉的重要性，提出了由“批发”向“零售”的转型战略，但其直营店的发展并不尽如人意。2011年是七匹狼大刀阔斧转型的一年，当年新增门店451家，其中直营店142家，直营店数量比例由11%上升至13%。但其转型仍然延续了粗放扩张的思路。在之后的两年间，虽然直营店数量有所增长，但占比并未改变。而在2013年主动整合渠道的过程中，关闭的505家门店里还包含了65家直营店。

粗放扩张的经营管理，不仅表现出与终端市场的脱节，还呈现出高成本和低效率。七匹狼的存货周转率在业内一直处于较优水平。然而近三年，其存货周转率显著下滑，由2011年的3.31%下滑到2013年的2.40%，而国外近两年发展迅猛的“快时尚”品牌，存货周转率均在3.5%以上，优衣库更是达到了4.7%，效率差距显而易见。“快时尚”品牌展现的低成本和高效率，是依托在高效垂直的直营模式和优秀的供应链管理基础上的。国际“快时尚”品牌，包括七匹狼董事长周少雄欣赏的H&M，大都采取直营店方式，减少代理成本；产品更新速度快，从接单到产品上市的周期约为90天，相应在设计、生产、物流等各环节建立了衔接紧密的供应链系统。七匹狼虽然进行了多种尝试，但离这样的精细化管理尚有较大差距。

七匹狼与GAP线上线下协同能力比较

	七匹狼	GAP
线上线下产品差异	线上90%为过季存货，不到10%网络专用	• 线上和线下产品差异化，形成相互协同
线上店面作用	销售产品	• 建立客户交流平台，如：建立讨论组和聊天室 • 提供个性化趣味服务，如：不同的上衣和裤子进行搭配就有可能发现不同类型的优惠券 • 为线下各种优惠提供宣传 • 收集客户购买偏好和消费习惯等数据 • 推动整体品牌建设
线下店面作用	品牌建设拉动线上销售	• 品牌建设拉动线上销售 • 为线上销售提供必要的实体服务，如：调整线上购买裤子的裤长等

渠道优势成为桎梏

面对网络市场的快速发展，七匹狼也逐步开启了线上业务。与多数国内企业一样，七匹狼的电子商务早期是依赖第三方平台发展起来的。到2014年，七匹狼的线上销售规模已经达到2.9亿元，占到整体销售规模的10%，然而其发展并没有摆脱传统渠道发展的思维模式。

首先，利用线下管理模式整顿线上销售体系。2008年6月七匹狼在淘宝开办旗舰店，正式踏入电子商务领域。然而在其开旗舰店的三年前，许多小店早已开始销售七匹狼男装，店主多为七匹狼线下经销商或他们的亲朋。因此，七匹狼的旗舰店在鱼龙混杂的网上业务中最初表现平平。为了规范线上业务的发展，七匹狼借用了线下经销制度对线上进行管理。线下店员的培训规则变成线上客服标准，线下形象设计变成线上装修，线下经销商返点和激励政策同样也适用于线上。经过调整，七匹狼确立了几家优秀的分销商，其业务规模总量占到线上业务的大半，然而，七匹狼公司并未因此获得应有的线上直营收益和超额利润。线上渠道实质上只是线下经销商的转移。

其次，把线上业务作为实体销售的补充渠道。七匹狼公司董事长周少雄明确表示，“从目前情况来看，未来电子商务将会是实体店销售的重要补充渠道。”而副总裁江涛则说：“我们做电子商务不是为了做生意，不追求达到多少亿的销售额目标，而是通过这一渠道去了解整个环境发生了什么样的变化。”“领头狼”的话语下，实际掩藏着的是对线上线下利益之争的无奈和妥协。一方面，七匹狼授权线下经销商发展线上业务，并采取统一的线上线下价格，确保线下经销商的利益；另一方面，线上产品以过季库存为主，只配以少量专供产品，防止线上凶猛折扣对实体渠道的过度冲击。可见，线上业务只是实体销售的变形，距离真正的O2O相去甚远。与率先步入该模式的GAP相比，七匹狼在O2O上还有相当的提升空间。

新商业模式未成型

线上业务的发展，带来的不仅仅是新的渠道，更多的是向 O2O 转变的新型商业模式。在 O2O 模式下，有三个关键要素——需求传递、价值传递、线上线下资源打通。七匹狼在这三个关键要素的实践上与新模式的要求都存在较大差距。首先，线上业务仅以销售产品为主，并未有效传递客户需求；其次，品牌宣传主要通过线下实体店反哺线上业务，而 O2O 模式的本质还包含通过线上品牌宣传带动线下业务的发展；第三，线上业务未能将线下优势资源和信息在平台上展现，线下业务也没有为线上业务提供足够的服务支撑，联动的综合效应还没有显现。

七匹狼的雄起是中国服装“黄金十年”成长的标杆，其业绩水平的骤降代表了行业潜在问题的凸显。进入网络时代，粗放的扩张已经不能继续拽动规模的发展，套用传统商业模式也无法应对新的市场竞争。只有控制终端、深耕细作才是服装企业经营管理的王道！

李开复曾说，“O2O 未来会改变中国，线上、线下一旦连起来，这是巨大的爆发式的力量。”这一说法同样适用于国内传统服装产业。如何把握客户信息，如何挖掘市场需求，如何实现线上线下的资源融合，最大限度实现平台信息与实体渠道之间的无缝对接，是以七匹狼为代表的国内服装品牌未来发展面临的重要课题！

周凌峰点评

1.传统代理商模式和店铺模式成就了七匹狼，成就了十年的辉煌，在电商大趋势前，传统模式出现疲态和颓势是正常的，没有哪一家企业永远保持辉煌。笔者认为，在互联网的冲击下，所有传统的服装企业都在为如何转型而伤透了脑筋，特别是如何实现线上线下协同。他们的一个共同毛病在于，用传统思维和商业模式去做电商，遇到的问题也是一样的。原因何在？没有透彻理解电商，比如O2O的本质：需求传递、价值传递、线上线下资源打通；通过线上品牌宣传带动线下业务的发展。在没有抓住本质之前，人们往往习惯于用老的办法解决新问题，这是人类思维的惯性。

2.给七匹狼的建议：

A.建立一支新的电商团队，完全独立于七匹狼现有团队，以合伙人公司模式运作，相当于自己做自己的风险投资VC，这样不受传统思维和模式的影响，同时建立以董事长或总裁为首的协同委员会，副组长包括传统团队的头儿。

B.在新的电商公司，建立合伙人制度，大家建立目标共同体、利益共同体、事业共同体，合伙人团队背靠背，共同进退。也可以开出时间和费用表，如给两年的时间及多少费用，除了日常开支外，保证团队的工资，其赚的钱全部归现在的电商团队。两年到期，即从第25个月开始，电商所建立的渠道、团队全部隶属于公司，公司可以继续和他们合作，分享利润，但须重新拟定规则。笔者知道，目前至少有两家公司按上述方式成功地组建了电商团队，并取得了不错的业绩。

春晖股份内幕交易的硬伤

上市公司发生内幕交易，除人为原因外，多数源于公司治理的黑洞，比如股权过于分散，导致企业缺失“主人”；监事会形同虚设，导致内部监督失控；管理者不懂上市公司规则，以及包括所有权、决策权、执行权和监督权等在内的四权模糊，这些因素最终滋养了内幕交易的温床。

2014 年的资本市场上，将至少诞生首期 83 家上市公司。这些年轻的上市公司登陆资本市场后，业绩是否迅速变脸、控制人是否迅速变更、股价是否迅速异动，都亟待观察。但，这些新上市公司首先要从已上市公司的过往经历中，汲取经验和教训。

2013 年，监管行动已超过往年，证监会公示的案情发布多达 109 条之多，其中，被指认“涉嫌内幕交易”及“信息披露违法违规”占了一大半。而这两条“指认”的背后，其实都和公司治理问题休戚相关。

以广东开平春晖股份有限公司（以下简称春晖股份）为

例，这家公司在 2013 年 11 月受到证监会行政处罚："认定公司董事长方振颖在公司 2012 年 1 月筹划重组期间，泄露内幕信息，构成内幕交易行为，决定对方振颖处以 3 万元罚款。"从这则处罚中，我们需要反思的是，作为公众公司，如何真正理解不当的"公司治理"对公司的损害程度，以及如何监管管理者行为？

事发资产重组时期

公开资料显示，春晖股份是一家生产化纤产品的公司，于 2000 年在深交所上市，但 2008 年后，一直处于 ST 区间波动。其中，在 2009 年至 2010 年还一度被戴上"*ST"的帽子，后来通过变卖资产获得账面盈利，并在 2010 年摘除了"*ST"帽子，但 2011 年又亏损。更为险峻的是，如果 2012 年再次报亏，春晖股份不仅要再次戴上"*ST"帽子，还有退市之虞。为此，春晖股份试图进行资产重组，以摆脱困境。而证监会 2013 年所决定的两条"指认"，正是发生在这一期间。

从"春晖股份内幕交易全情（下表）"中可以看到，春晖股份不仅在 2012 年重组失败，而且还在这一过程中，发生了内幕交易和信息披露的违法违规行为，第一大股东和董事长分别受到行政处罚。但是，由于没有确切证据，我们不能认为春晖股份的大股东和董事长有意"作恶"，但从公司治理结构和监管角度分析，春晖股份实际存在“四个不明”。

春晖股份内幕交易全情

2011年12月28日	公司称，接到大股东鸿汇投资的通知，广晟资产拟对公司筹划重大资产重组，早盘出现停牌。但前一交易日（12月27日），公司股票却放量涨停。
2012年1月4日	公司称，正在筹划重大资产重组，股票自2012年1月5日起停牌。
2012年3月26日	公司称，终止筹划本次重大资产重组，股票于2012年3月27日复牌。
2013年10月22日	证监会认定公司第一大股东江逢灿（鸿汇投资控制人）在公司筹划重组期间泄露内幕信息，构成内幕交易行为，决定对江逢灿处以3万元罚款；随后的11月7日，证监会对公司董事长方振颖也追加同样的行政处罚决定。

公司治理“四个不明”

股权结构不合理，实际控制人不明。尽管春晖股份的第一大股东是鸿汇投资的老板江逢灿，但他占股只有12.15%，第二大股东、第三大股东分别是开平市地方国资控股企业，合计持股比例12.79%，另外，前十大股东合计持股是30.4%。可见，第一股东对于春晖股份来说，只是名义，而且春晖股份非常分散。

春晖股份股权结构分散的弊端就是，容易造成决策效率低下或决策流于形式，使得公司发展战略难以快速统一意见和有效实施。有位股民在网上针对春晖股份经营管理问题提出的个人意见（时间是2013年9月11日）就反映了这样一个共识：“春晖股份作为一家公众公司，股价长期低迷，数年没有给股东回报，长期以来在经营上碌碌无为。特别是作为企业一把手的董事长方振颖，不能有效地、及时地利用资本市场的政策，反应迟钝麻木，不思进取，屡屡错失发展机遇，满足于个人职位及年薪享受，已经不能适应企业发展的需要，也激起广大股东的普遍不满，这是广大股东无论如何都无法接受和容忍的。股价反映的是上市公司的管理水平、经营能力、企业形象，股价如此低迷也说明了市场对管理层的评价，董事长方振颖必须要承担责任。”

监事会形同虚设，内部监督责任不明。春晖股份前任董事长方振颖，任职始于 2011 年 9 月的股东大会的决议，作为董事长，方振颖虽然有 30 万年薪，却不享有公司任何股份。因此，方振颖名为董事长，实际只是一个代理人。而负责监督公司董事会行为的监事会，也基本形同虚设，全部是由内部员工组成，没有体现出监事会的功能。

权力没有监督，一定会带来管理黑洞，没有监督的公司治理，一定会带来内幕交易和其他恶果，只是时间和严重程度问题。春晖股份内幕交易的手段其实并不高明：根据证监会调查结果，方振颖的弟弟方振韶从方振颖处获知公司准备资产重组的内幕信息后，随即使用其妻弟谢振辉的账户，于内幕信息公开前累计买入春晖股份 30.97 万股。

方氏兄弟在 2011 年 9 月至 2012 年 1 月期间存在较为频

繁的手机通话记录，且方振韶买入春晖股份的时点与买入量明显异常、交易模式明显异常，买入时点亦与内幕信息所涉及事项的进展情况大体一致。

与之类似，第一股东江逢灿，则将相关重组信息泄露给了多年好友罗建荣，罗建荣与其妻詹嘉绮使用詹嘉绮、林琼芳、刘东云等账户，于内幕信息公开前累计买入 25.53 万股春晖股份。

上述三个账户在买入春晖股份期间均亏损卖出了其他股票，詹嘉绮甚至提前支取定期存单并全部购买了春晖股份，颇有豪赌的意味。但事与愿违，春晖股份重组失败，方振韶和罗建荣非但没有获利，而且还合计发生 32.85 万元亏损。

上市公司管理者的专业与经验缺失。公开资料显示，前任春晖股份董事长的方振颖，虽然曾任开平市铝业集团公司总经理，但并没有在任何上市公司中做过一天，根据《上市公司董事选任与行为指引》第九条规定：董事提名人在提名董事候选人时，应就候选人的任职资质、专业经验和职业操守等事项，向股东大会提交专项说明。

另外，即使是该公司的第一大股东江逢灿，也只在公司幕后扮演一个隐形人。根据公开信息，江逢灿控制的鸿汇投资成立于 2007 年 5 月，实际是专为收购春晖股份而设立的公司，其股东江明赞和江明康为兄弟俩，而实际控制人则是他们的父亲江逢灿，其公开身份为香港鸿达亚洲投资和广州鸿达房地产等两家公司的董事长。

江氏家族在广州拥有步云天地商城、锦恒商业广场、凯旋华美达等优质商业地产。其中，步云天地是中国最大的鞋类批发市场，该公司每年租金收入就超过10亿元。鸿汇投资在金融危机期间入主春晖股份后，一直在减持股份，原因可能有二：一是实际控制力不够，如果要绝对控股还需要很大的投入；二是金融危机逼近，房地产业务资金链紧张，减持套现。2012年8月10日，春晖股份发布公告称将收购迪晟稀土，披上了稀土光环的春晖股份，股价连续涨停。但背后，实际是鸿汇资本导演的大股东股权质押的游戏。这种脱离企业经营基本面的资本运作和概念炒作，使得春晖股份更是雪上加霜。

这样看来，让不懂上市公司运营，以及实际不关心上市公司的人，来操盘所谓的资产重组，失败和违规、违法的风险概率也就加大。

违法成本太低，形不成威慑作用。证监会对春晖股份开出行政处罚后，春晖股份官方以及董事长、大股东并没有在公开场合主动向投资人、股民道歉，而方振颖继续在董事长职位上工作，并没有引咎辞职。假如我们换到欧美角度，试想，欧美对于违背诚信的上市公司，又会做出什么惩戒？

公司治理与结构

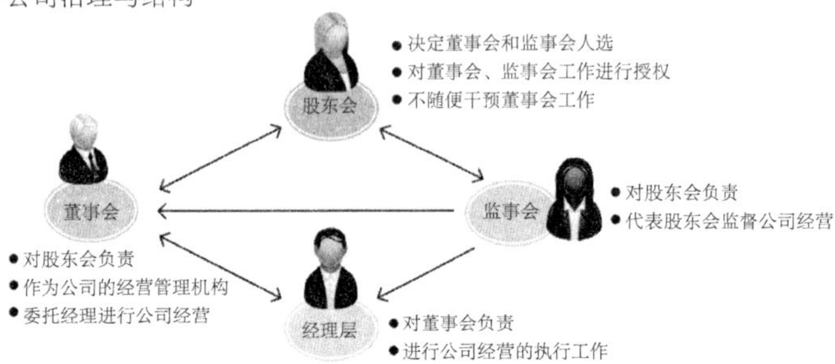

高盛公司的前董事顾磊杰，向美国对冲基金Gal Leon创始人、亿万富翁拉贾·拉贾拉特南泄漏董事会机密，结果顾磊杰被判监禁两年和罚款500万美元，而拉贾·拉贾拉特南在被判缴纳1000万美元的罚款、没收5380万美元之外，还被处有期徒刑11年。相比之下，我国对内幕交易的处罚还是很轻，再加上公司治理上的缺陷，造成我国上市公司内幕交易案件频繁。

春晖股份的案例，给2014年新上市的公司带来5点思考：1. 在外部法律监管力度不够的客观条件下，必须加强内部公司治理的科学性，所有权、决策权、执行权和监督权等四权分立，纵向授权、层层负责，为提高信息透明度和决策质量提供路径；2. 必须加强法律法规警示教育，变事中和事后的控制为事前防控，特别是权力交接期的预防控制；3. 必须加强制度建设，特别是提高董事会、监事会成员的选举和任用制度的科学性；4.必须引导和强化职业经理人的职业道德和诚信体系建设；5.要重视对高管层的股权激励制度设计。

周凌峰点评

1.中国上市公司的内幕交易屡禁不止，责任在谁？责任在监管部门，内幕交易重罚在国外是家常便饭，但在中国违法成本太低，形不成威慑作用，反而纵容了那些搞内部交易的人。从文中可知，2013年11月春晖股份董事长方振颖受到证监会行政处罚："认定公司董事长方振颖在公司2012年1月筹划重组期间，泄露内幕信息，构成内幕交易行为，决定对方振颖处以3万元罚款。"3万元罚款，可说是个笑话！我们感觉很奇怪的是，监管部门明明知道处罚力度很小，为什么不改？

2.中国大股东缺少对小股东，特别是股民利益的保护，难免受到股民的批评和舆论的指责，最后股民只好用脚投票，卖掉股票走人。在欧美，大股东有保护小股东的利益的传统，因为只有大股东保护小股东的利益，才会吸引更多的小股东，这样公司越做越大。说得难听点，就是黑社会，老大也要罩着小弟，否则谁跟你混？股东逐利没有错，关键是怎么逐利，君子爱财，取之有道。大股东是通过保护小股东，获取长期利益，还是压榨盘剥小股东，获取短期利益，这完全取决于大股东的价值取向和行为，大股东必须对自己的行为负责。

第五章 模式风险

成 功 是 无 规 律 可 循 的 偶 然

失 败 是 能 够 推 倒 的 必 然

拉手网：被抛弃的“独立运营”

团购模式未来的竞争已经不是产品对产品、营销对营销、点对点的竞争，而是生态对生态、体系对体系、链条对链条的对抗。独立团购网站模式不足以长久发展，于是升级O2O成为必然出路。团购网站不可避免地融入BAT等大佬的业务生态之中，成为互联网业态中最先被“独立运营”抛弃的商业模式。

2008年全球金融危机让每个人至今还心有余悸，但应验了一句老话：危机，危机，机会一定是存在于危险之中。危机面前，有人看见了绝望，有人看见了光明。

团购网的鼻祖GROUPON在美国兴起，并快速在全球扩张。而在大步追赶互联网创新浪潮的北京中关村，一群年轻人同样敏锐地嗅到了商业价值与财富的气息，并以星火燎原之势，在中国这个拥有世界最多网民人口的神奇国度，开启了他们的神奇之旅。2009年拉手网创立，短短一年时间，2010年交易总额接近10亿大关，2011年1月20日，拉手网注册用户突破300万，月均访问量突破3000万，开通服务城市超过400座，并仍以每月100%的速度增长。

弹指一挥间，2014年10月，短短四年时间，昔日中国团购业霸主拉手网“下嫁”土豪三胞集团。历时四年的千团大战以全军覆没告终。而拉手网无疑是团购时代最好的见证者。

巨星陨落

对于拉手网，相信每个人都不陌生，在过去几年时间里，它橙色的LOGO时常出现在飞驰而过的地铁、路面穿梭的公交、阳光下的户外广告、无处不在的商户吧台、数以百万计的网址栏和智能手机里，那时的拉手网在处于风口上的团购业风光无二。2011年市场高峰期，拉手网估值曾一度高达11亿美元。资本的宠儿、老百姓的本地化生活助手、商户的救命稻草……一系列的标签是2011年拉手网辉煌的最佳印证。

而此后的故事和片头的场景却来了360度的转变，2012年8月，拉手网创始人兼CEO吴波离职，失去创始人的拉手网，似乎一下失去行船的导航，在漫无边际的商海逐渐迷失了航向。

2014年10月20日，独立发展的拉手网走到了发展之路的尽头，江苏三胞集团对外宣布收购昔日团购老大拉手网。

2014 年 10 月 25 日，拉手网 CEO 周峰确认已经离开拉手网。随着周峰的离开，拉手网原大部分核心管理成员也随之离去。拉手网方面表示，对于公司管理层变动不予回应。

拉手网被收购，标志昔日热闹的千团大战正式以全军覆没的闹剧告终。而其他几家团购传统豪强纷纷“嫁入”豪门，调养生息，谋求新一轮的发展。2014 年 2 月，腾讯以 4 亿美元加上微信二级入口入股大众点评网。2013 年 8 月，百度向人人公司旗下的糯米网战略投资 1.6 亿美元，以获得约 59% 的股权，百度给出糯米网估值大概在 2.7 亿美元，投资糯米网将有助于百度更好地为商户搭建本地化移动位置服务（LBS）平台，其团购平台和本地信息，能够与百度现有的移动 LBS、地图等业务实现优势互补。2011 年 7 月 8 日，美团网完成 B 轮由阿里巴巴领投的 5000 万美元融资。在流量为王的互联网江湖，昔日对手纷纷加入 BAT 阵营，补充粮草，而拉手网仍然依靠广告攻势导流量的烧钱模式，为日后资金链断裂埋下了致命的隐患。

拉手内外交困，印证团购之殇

据中国电子商务研究中心显示，2013 年前十强团购网站交易额之和占总市场份额的 42%，其中，拉手网的市场份额只占到了 4.53%，低于糯米网与美团网。

随着团购网站市场竞争越发激烈，团购网站纷纷出大招抢夺份额，差异化也更加明显。美团网以团购横向扩张，并逐渐将触角延伸至电影、酒店等垂直细分领域；大众点评网具备社会化内容（UGC）的口碑属性，依靠广告模式作为盈利支撑，团购业务作为口碑平台延伸稳扎稳打；百度糯米背靠百度地图和大数据导流团购业务。反观拉手网，继续高举高打，依托人口红利扩张至三四线城市，而资金是拉手网不可回避的“阿喀琉斯之踵”。

拉手网 2010 年 3 月 18 日成立，4 月获得了天使投资泰山创投注资，6 月获得金沙江创投等投资机构的 500 万美元 A 轮股权融资和 500 万美元的财务借款。急速的融资扩张很快把拉手网拉进了一系列意想不到的困境当中。融资成功之后，拉手网随即开始烧钱做规模。据拉手网招股书显示，2011 年第一季度，拉手网的总收入是 2261 万元，亏损额 2.19 亿元。“当时，我们重点做的是品牌建设，所有的精力都是在围绕扩大规模做功课。”拉手网市场公关总监刘晨亮表示，“其中包括我们看到的，请葛优做代言，再有就是在公交车、地铁、电视等终端的投放，一轮接一轮做了很多轮这样的扩张推广。”

随着一轮接一轮市场推广的投放，拉手网公司规模也在野蛮生长，到 2012 年底，拉手网员工规模达到 6000 人。然而，迅速扩张导致的另一个隐忧也暴露出来，之前的组织架构和管理机制远不能满足迅速扩张的人力资源，拉手网一度陷入内耗之中。

与此同时，团购市场在资本市场遇冷，资本市场对团购商业模式的可持续性产生顾虑。在资本市场看来，团购行业最大的问题就是不赚钱，毛利率仅在5%到10%，远低于传统行业的毛利率。“在上市关键节点，任何的瑕疵都可能会被放大，进而影响整体上市计划，导致上市失败。”2011年11月1日拉手网冲击IPO失败，元气大伤，慢慢跌出了团购网站第一梯队的行列。

团购的未来——生态之争

中国互联网已经进入三国争霸时代，资源开始向优势集团聚合。移动互联网时代的到来，BAT的入口优势更加明显。团购模式未来的竞争已经不是产品对产品、营销对营销、点对点的竞争，而是生态对生态、体系对体系、链条对链条的对抗。独立团购网站模式不足以长久发展，于是升级O2O成为必然出路。团购网站不可避免地融入BAT的业务生态之中。团购行业排名前三位的美团网、大众点评网、糯米网分别成为阿里巴巴系、腾讯系和百度系的一员。团购也成为互联网业态中最先被“独立运营”抛弃的商业模式。

究其原因：团购部分毛利率不高，盈利能力并不强。大多数团购网站只能靠融资来支持，但资金链也有供不上的时候，所以单靠团购单枪匹马作战烧钱很难长久。团购只是针对本地的一种优惠券形式，不能作为一种独立的模式长期存在。

进入BAT生态的团购网站似乎一夜之间拿到了移动互联网时代的船票。在移动端，百度糯米宣布与百度地图紧密结合，从地图导航、附近发现等处导入订单，与手机百度的搜索平台直接结合，也有机会直接导入订单到团购。这也符合目前BAT三大巨头的O2O逻辑：以入口带流量，以流量带交易。

随着移动互联网时代的悄然来临，消费者行为习惯已经发生改变，智能终端、地图、社交、移动支付成为下一个O2O入口。对于未来，拥有O2O入口的团购将优势明显，一轮新的洗牌如期而至!

周凌峰点评

1.不能盈利的企业迟早要被淘汰或者“嫁做他人妇”，虽然有“不做赚钱的公司，可以做值钱的公司”一说。其出发点是把公司做到与资本市场对接，赚资本市场的钱。此话听上去蛮有道理的，但最终还是要赚钱，如果一直不赚钱，那么最终的结果，要么是被资本市场抛弃，要么嫁做他人妇。在团购部分毛利率不高，盈利能力并不强的情况，还不断烧钱，等于找死，扩张得越快，死得越快。团购网，特别是拉手网为我们提供了互联网一种典型的死法：扩张死。如果前期毛利低，但后期毛利高，这种情况下，是可以不断烧钱，烧到能赚大钱并持续赚大钱为止。企业要不死，就需要钱，要么不断融资，要么能不断地赚钱，总之要有钱进入企业。需要搞清楚的是，烧钱是为了赚钱，不能为烧钱而烧钱。

2. 不做国王做王后，也是一种不错的选择。团购网多数“嫁”入豪门，融入到生态系统中，但昔日中国团购业霸主拉手网“下嫁”土豪三胞集团，并没有做成王后，未来的日子还是个未知数。

顺丰“嘿客”的期望与无奈

单一的业务模式不足以支撑其日常的运营和成本，因此，“嘿客”必须成为顺丰全产业链布局中的一个中枢，建立多层次的功能范畴，传统便利店的销售是基本业务，电商产品展示、体验、包裹集散是支撑业务，社会化的便民服务（如生活费用缴纳、金融服务等）、依托于二维码的商品展示等是附加业务。

2014 年 5 月 18 日，酝酿已久的顺丰“嘿客”518 家门店在全国亮相，而后，除了门店数量在快速增长外，很多“嘿客”门店门庭冷落。

不同于传统的便利店，顺丰“嘿客”采取的是虚拟商品展示方式，门店内不摆放实物，商品以图片、海报的形式呈现，顾客在门店内可以通过网上浏览、二维码扫描，在线上购买商品。

电商 + 快递 +O2O：一体化发展模式

“嘿店”名义上是一家便利店，但业务重心更偏向于资源整合。事实上，在顺丰的产业布局中，顺丰优选和顺丰快递是全部业务的核心，顺丰优选的产品定位于中高端食品，包括生鲜和农产品，这类产品除了对存储条件有严格的要求外，在配送上也要实现全程冷链。顺丰虽然一直是快递业的龙头，但是冷链运输的发展也是比较滞后的，一方面是原有的市场需求不高，另一方面冷链运输的成本也较高，所以顺丰一直没有在冷链运输上有太大动作。

在布局顺丰优选后，冷链运输的迫切需求使顺丰加快了在这一领域的脚步，而且 2013 年开始，生鲜产品受到了电商企业的青睐，沱沱工社、本来生活网等垂直类电商以及京东、中粮我买网、一号店等老牌电商都上线了生鲜产品，冷链运输的需求快速上升。但是，由于生鲜以进口和有机等产品为主，价格偏高，普通的消费者购买能力不足，用户、订单必然出现分散化，单纯的冷链运输会造成成本的快速上升，反过来又会降低消费者的购买力，使其产品的受众群体更小，无形中增加了运输的成本。覆盖范围越大，所承担的物流成本就越高，所以在市场不够饱和的情况下大规模布局冷链运输，是一种资源浪费。

无论是普通的零售商品还是生鲜产品，在整个物流体系中要解决的就是“点”和“线”。点，就是仓库、网店；

线，就是快递覆盖，点和线的结合才是完整的物流体系。在冷链运输成本过高的情况下，多渠道布点就成为重要的补充方式。亚马逊在美国只建仓库，不做快递，京东虽然自建整个物流，但是在全国近40个城市中有82家仓库，配送站点近1500家。单纯地依靠快递不能满足运输的需求，大规模布点既可以增加覆盖范围，也会降低整个物流的成本。

“嘿客”店最大的一个作用就是作为顺丰优选的产品供应和集散中心。当然，随着“嘿客”店的大规模铺开，除了顺丰优选的产品外，其他电商企业的商品或者包裹也可以使用“嘿客”店的这一服务。除了满足产品运输的需求外，“嘿客”店还承担了商品展示的作用，线上购物是虚拟行为，在收到商品前，客户和实物没有接触，“嘿客”店提供给客户一个体验式购物的平台，客户在实体店中体验后再购买，提升了用户的购买欲求。

顺丰优选虽然和顺丰快递属于不同的业态，但“嘿客”店对二者的作用是一致的，“嘿客”店也是顺丰快递的一个集散地。以前的快递模式是包裹到达城市后进入分拣中心，分拣后到达所属的配送站，再由配送员分派。“嘿客”店就承担了配送站的作用，既可以负责所属区域内的包裹派送，也能作为一个自提点，降低物流成本。“嘿客”店数量的增加，实际上就是顺丰快递配送站的增加，覆盖范围的扩大。特别是在顺丰快递渠道下沉，抢占三四线城市甚至是乡镇市场的过程中，“嘿客”店的这一作用就会更加明显。

“嘿客”的挑战

可见，“嘿客”的定位是内部资源整合，目的是实现顺丰内部线上、线下资源的联动。在具体形式上，“嘿客”以便利店的形式出现，但是并没有具备传统便利店的基本功能。在传统便利店运作中，实体最重要的作用就是实现销售，客户和产品是有实际接触的。很多客户在日常生活中依然选择超市或者商场的主要原因，就在于购物的现场体验，所以“嘿客”以互联网的姿态，弱化了其本身实体的这一作用，在短期内客流量一定会受到很大的限制。

电商这一商业模式存在的基础，就是人们对购物便捷性的考量，以PC、平板电脑、手机等智能终端实现购物，用户无需参与商品购买的其他环节，并且基本可以随时随地完成这一行为；“嘿客”则是一种体验店的模式，客户在店内可以通过WiFi或者店内的终端上网浏览购物，这就明显和电商现有的操作有很大的差异。从这两个角度讲，“嘿客”是介于传统零售和电商之间的一种商业模式。虽然O2O的概念很火热，但是由于商业模式不清晰，短期内，“嘿客”的日常运作必然难以得到市场的认可。

从另一个角度讲，虽然顺丰优选和顺丰快递是顺丰业务体系的核心，但是作为“嘿客”的存在基础还是显得单一。电商和快递业务只是O2O最简单的业务模式，“嘿客”想长期发展下去，除了对电商、快递业务的支撑外，还要将O2O、互联网金融、社会化服务等功能融入进去。在移动互联网和O2O快速发展背景下建立的“嘿客”，必须成为顺丰全产业链布局中的一个中枢，建立多层次的功能范畴，传统便利店的销售是基本业务，电商产品展示、体验、包裹集散是支撑业务，社会化的便民服务（如生活费用缴纳、金融服务等）、依托于二维码的商品展示等是附加业务，单一的业务模式不足以支撑其日常的运营和成本。

在满足顺丰自身业务体系的需求外，“嘿客”也可作为一个开放平台，其他快递、电商、有O2O实践需求的企业都可以入驻“嘿客”，比如在“嘿客”中已经开始发放部分商家的优惠券，这样其作为线下载体的作用才能更加丰满。

“嘿客”是一个资源整合的平台，在O2O实践中其作用将更加明显，既要整合顺丰内部的资源，也要逐步对外放开资源，在这一过程中，电商和快递业务是全部业务的基础，必须把“嘿店”作为电商商品展示、购买、体验、包裹收发等基本功能做扎实，让其承担足够的业务，增加店面对顺丰优选产品的推广，针对“嘿客”收发的包裹给予一定的优惠，以提升用户黏性。

在未来的发展中，O2O是各种商业模式的结合体，首先获得O2O产业链资源的企业将在这场商战中赢得先机，顺丰通过布局“嘿客”来自行打通线上、线下。2013年8月，顺丰首次融资80亿元，这笔资金将主要用于延伸产业链，拓展顺丰优选和顺丰快递的电商业务。在一段时间内，顺丰优选将在品类和服务范围上快速扩张，顺丰快递也将更多地渗入到电商业务中，增加在电商物流领域的市场份额，甚至企业会将触角渗入互联网金融领域，这一切都要求顺丰能够有更强大的体系去支撑其业务的发展。

所以，虽然“嘿客”已经成为顺丰产业布局的核心环节，但是短期内由于功能单一、用户群体少等诸多因素，“嘿客”的生存依然面临很大的不确定性。在整个O2O实践中，“线上网站＋线下实体店”运作的方式仅仅是一种尝试，还有待市场的长期检验。

周凌峰点评

1.“嘿客”店这个名字实在有点糟糕，听上去是一家专门“黑客”的店，就像“厦华”这个名字，听上去就是“下滑”，这家公司似乎没有做上去过。这个名字不改，很难做上去，必须改。好名字无论对于产品还是公司都非常重要，企业的名字是自身的一个最好的广告、一面鲜明的大旗。

2.相对于传统的便利店，人们有现场的体验感，而顺丰“嘿客”采取的是虚拟商品展示方式，门店内不摆放实物，商品以图片、海报的形式呈现，顾客在门店内可以通过网上浏览、二维码扫描，在线上购买商品。大家为什么不在手机上或电脑上直接浏览、二维码扫描，并在线上立即购买？这不是多一个环节吗？如何破解？笔者建议，做成咖啡店，让顾客在喝咖啡的同时体验虚拟商品展示并购物。咖啡可以低价或购物到一定的金额优惠，免费赠送咖啡。

被 iPhone 攻陷的维络城

面对免费大军，维络城的入驻成本、打印成本、维护成本、机器成本等诸多成本开始爆发，客户流失日趋严重。因为故步自封，维络城没能早一步和团购网合作，早一步融入到各种 APP 中，形成线上线下一体的 O2O 格局。

2008 年，维络城在上海滩坐拥会员近 200 万人，1000 多台终端机一年吐出 2000 万张优惠券；2011 年，维络城实现收入过亿元；2014 年，曾经一时风头无两的维络城优惠券打印终端，却彻底退出了市场。而早在 2013 年 2 月，维络城就已经和嘀嗒团合并，创始人张毅斌被迫出走。

城已破，城中的人也消失了。曾经是优惠券代名词的维络城，短暂创造了优惠券精准投放新蓝海的维络城，如流星一样，快速划过天空，黯然消散。对于它的折戟沉沙，业界有一句最为经典的揶揄："一个 iPhone 攻陷了一座城！"

用固执来经营一座“城”

业界的这句揶揄，并非没有来由。曾经和维络城进行同质化竞争，并推出了Q卡的分众传媒，在2013年结束该项服务时，曾经给出过一个理由：“正在中国越来越流行的手机——iPhone没有地方可以像其他手机那样挂上套件或链子，这使用户的手机和卡形成‘机卡分离’。”

这可以是一个借口，同时也是一种真实，iPhone象征的其实是智能手机和移动互联网，而维络城和它的同行们，恰恰是这个浪潮席卷之下的牺牲品。

维络城曾经创造了蓝海，这得益于它的创始人张毅斌的坚持。2006年，当时的张毅斌还是华东师大的研究生，他发现了一个被大众选择性无视的事实：街头派发的各种优惠券，大多变成了花花绿绿的垃圾。于是，一个大胆的想法出现了：一个可以打印优惠券的终端机，如同ATM机一般，遍布于各个人群聚集的角落，商家可以在上面发布打折信息、推广品牌，用户可以通过RFID射频识别卡获取优惠券，终端机运营商则主要通过向商家收取广告费来实现盈利。

2006年，这个名叫维络城的终端机在张毅斌颇具拼搏毅力的坚持下，终于问世。很快，市场给予了空前的响应。理由很简单，这个机器真的能够带来销量。维络城的出现，让销售形成了短链，让消费者从被动收券，变成了主动选券，并且在消费最前端实现精准发券，这使得其终端打印的优惠券回收率达到 30%，而街边发放的优惠券的回收率通常只有 5%。

维络城创造了一个十分彻底的蓝海，这个蓝海的开创，自然和张毅斌的固执分不开。

张毅斌的固执表现在许多方面，在维络城发展初期，这种固执是一种极具价值的体现。媒体曾经采访过维络城的一个老员工，他表示，张毅斌有很多新奇的想法，尽管有些点子一时不能落地，但他依然想方设法去执行，最终达到自己想要的结果，“维络城起步时，如果不是他执着不懈地研制机器，无数次敲开商家的门，也就不会有这样的创新。”

在蓝海中，固执或许会因为庞大的市场潜力，而被充分消解。但在危机中依然固守陈规，则让这座“城”的经营变得难上加难。

造“城”易，守“城”难。

移动互联网攻“城”

维络城的蓝海，一直都没有变成红海。

尽管维络城面对来自分众、钱库、一点优惠等模仿者的市场切分；尽管维络城的终端机一直没有和同行一样升级为触屏，固执地保持着 15 个商家品牌 LOGO 的小灯箱老式按钮服务；尽管灯箱租赁价格一直比同行高，且在同行们都对消费者免费发卡的前提下，维洛卡总是在收费，但这一切都不足以影响维络城的扩张。

中国的市场足够庞大，需要派发优惠券的商家足够多，这两个足够，就足以让张毅斌的固执所带来的负面影响得到最好的消解。

然而，蓝海不变成红海的同时，它也可以消失。

张毅斌并非不敏锐，他是国内最早成功让大数据成为销售转换的高手。张毅斌为维络城设计了两个数据库，分别管理用户信息和用户行为。通过数据统计，维络城能迅速知道最受欢迎的产品和最没销路的产品，甚至连用户消费行为也能通过数据分析一目了然。张毅斌宣称："一个火锅店得知明天有雪，决定促销，只要前一天晚上告诉我们，第二天优惠信息就会出现在维络城的终端上。"

2011 年移动互联网来袭，张毅斌依然坚持自己的固执。精确的数据库与迅捷的执行力，使得维络城比传统广告更加精准而及时，又比线上营销更靠近消费者和消费场所。综合了线上与线下的优点，又避开跟两者的直接竞争。张毅斌的这种观点，不止一次地出现在媒体上，也成了维络城在移动互联网时代的发展准绳。

维络城的考虑很简单，电子优惠券在维络城问世之前就有了，麦当劳、肯德基曾经尝试过，消费者网上下载打印，费时费力，最后还不一定形成消费，因此构不成威胁。

O2O 梦想破灭

然而，移动互联网的各种 APP 直接越过了上述陷阱，消费者使用手机领取优惠券代码逐步取代了纸质优惠券。商家可以通过这些 APP 应用，低成本甚至零成本地发放优惠券，其基于地理位置的 LBS 应用，则完全实现了过去靠终端机构建的销售前置和短链。

面对这种窘境，张毅斌很固执地强调："我们是一家线下的优惠券服务公司，移动互联网也可以跟进，但是主力还是做好线下。"

维络城不是没有进行过尝试，2011 年，维络城曾与 F 团进行合作，用户可以通过维络城终端机下单，到商家直接支付。这是一次 O2O 的成功尝试，可"线下为纲"的维络城却只是当做浅尝辄止的单项合作。

面对免费大军，维络城的入驻成本、打印成本、维护成本、机器成本等诸多成本开始爆发，而客户流失日趋严重。维络城资本方开始清场，2012 年 10 月，张毅斌不再担任维络城 CEO，离开管理层，2013 年 2 月，维络城正式宣布与嘀嗒团合并，新公司名称仍然是维络城，嘀嗒团的名字作为独立品牌保留。

O2O 似乎成为拯救维络城的最后一根稻草。但当初和 F 团合作的窗口期已经过去，"千团大战"的硝烟已经散去，嘀嗒团这个曾经前十的团购网站也早是明日黄花，同时维络城的终端也缩水到了2位数。线上和线下的合作已经没有了基础。

2013年年中，维络城推出手机APP维络e券，将优惠券与银行卡相关联，想要从移动支付中突围而出。此时，大势已去，维络城已没实力如阿里巴巴和腾讯那样花费数亿请全民“打车”来推动这项业务了。

2014年，嘀嗒团宣布，于3月31日正式关闭团购业务，维络城的O2O梦想也破灭了，它的未来被画上了一个大大的叹号。

维络城的启示

一个从蓝海中快速成长的企业，最终出局，最大的失败在于它的固执。

首先，维络城拒绝试错。

分众传媒在投放Q卡后，很快发现了市场风向，勇于叫停，并宣称是一次试错，而维络城却一直拒绝试错，固执地沿着自己的蓝海前进，在最有可能成为O2O践行者的时代，选择了放弃线上，盲目地掩耳盗铃。

其次，维络城不是没有创新，但创新的目标是闭关。

张毅斌是一个很有理想的创业者，但在创业成功后，他和他的维络城走向了故步自封。在张毅斌眼中，创新是一直存在并很成功的，维络城终端机是创新，大数据应用也是创新，乃至各种维洛卡的亲民造型，也是一种创新。但除了能够直接给维络城终端机和打印优惠券带来好处的创新外，其他的创新都可有可无，并最好没有。

这种固执的创新理念，最终导致了维络城的倾覆。

再次，维络城扮演着一个独行侠。

在维络城的发展历程上，合作其实是一个很没有意义的名词。它往往是单向的，只是为企业提供展示、广告和打印优惠券的平台。面对移动互联网的进攻，它依然是独行者，和 F 团的合作只是一次“游戏”，之后和嘀嗒团合并，也依然双方各行其是，没有实际业务上的互补。

这或许是张毅斌给维络城带来的一种性格，一种特立独行的企业文化。在蓝海状态下，它是资源的垄断者、掌控方，矛盾不会爆发；但在蓝海消失时，要快速切入其他领域求生之时，孤独的狼，是难以存活的，它需要所欲切入领域之企业的“帮衬”。如果，只是如果，维络城早一步和团购网合作，早一步融入到各种 APP 中，形成线上线下一体的 O2O 格局，让电子优惠券和进卖场打印券形成互补，让优惠券免费，消费转换成功后分红，也许一切都会不一样……

周凌峰点评

1. 在正确的方向上固执是一项优秀的品质，但如果在不正确的方向上固执，只能是走向穷途末路。问题是如何保证方向的正确？你要么站得高远望，要么使用望远镜，要么试错纠错，要么借助地图、导航仪和向导，让你保证正确的方向。应该用固执的态度去寻找正确的方向，否则固执只会把自己逼上绝路。

2. 一个优秀的创业者应该有特立独行的品质，像一头孤独的头狼，只要时刻把握住正确的方向，接下来成功只是时间的问题。真正优秀的创业家，既有固执的一面，又有灵活的一面，固执与灵活像一对矛盾统一体非常和谐地存在他们的脑子里。

3. 要学会合作，合作不是单方面的，只有站在利他、互补、共赢的角度去合作，合作才会成功。张毅斌似乎不懂合作，这是非常遗憾的。在当今的时代，没有不合作就能成功的，即使像BAT这样的巨头公司，也都在寻求合作，更何况是维络城这样的新公司。

乐蜂网在迷惘中易主

媒体的本质是“信息传播 + 广告盈利”，而 B2C 的本质却是零售。用做媒体的思维做电商，这是乐蜂网的商业模式，也正是这种“奇葩”的商业模式，不仅让乐蜂网背离零售的本质，而且在和最大竞争者聚美优品的比拼中，由强变弱，最后不得不走到委身于人的地步。

2014 年 2 月 14 日，乐蜂网和唯品会共同宣布，唯品会以投资 1.125 亿美元的代价换取乐蜂网 75% 的股权。一周后，双方再次宣布，唯品会以 5580 万美元收购乐蜂网的控股公司——东方风行集团的 23% 股权。自此，作为化妆品垂直 B2C 巨头之一的乐蜂网，控制权基本落入唯品会手中。

虽然，作为东方风行集团和乐蜂网创始人的李静，在给其员工安抚邮件里表示：“这只是一次战略投资，而不是外部猜测的乐蜂网被出售或者被收购。”但出让乐蜂网 75% 股权和母公司东方风行集团 23% 股份的事实，让她的这一解释变得很苍白。尤其是，收购事件发生之后，东方风行集团原副总裁兼乐蜂网CEO王立成辞职，接替者并非来自李静的指派，而是由唯品会北京公司的总经理张婧任命。

乐蜂网为什么不能像竞争对手聚美优品那样，去美国纳斯达克冲击IPO，反而会落入被收购的境地？

乐蜂网正在重蹈许多垂直B2C电商的覆辙，很有可能走上“一鼓作气，再而衰，三而竭”的中国式电商命运之路：在互联网红利和线下零售不够发达的环境下，B2C电商顺势而起，短期内聚集大量用户和人气，但不挣钱。随后各路竞争对手像雨后春笋般出现，价格战、公关战，烽烟四起，结果当然是烧钱，烧钱，再烧钱，换来的是好不容易保持住增长势头，但亏损的缺口越来越大，做得大亏得多，逼得这些B2C企业不得不想尽一切办法寻找最后的出路：再次输血（新一轮的资本注入）、找一棵大树（参股并购）。

所谓“前车之鉴，后事之师”，实际上，我们在这儿“算命式”地对乐蜂网的未来进行预测，没有多大的意义。有意义之处在于：乐蜂网为何会走到这一步？给我们带来什么启示？

“达人经济”模式之误

说到乐蜂网，其经营模式，可以简单到用“达人经济”这四个字来表达。乐蜂网也许不是第一个把“达人经济”引入企业运营的电商企业，但肯定是第一个以此作为运作核心的电商企业。

“达人经济”说到底是粉丝经济，是娱乐圈用滥的招数，以艺人的面孔、歌喉、演技等为基础，将艺人短时间内打造为影响力广的明星，然后贩卖影响力，或通过电影、电视、唱片、演唱会，或通过广告代言等最大程度将影响力货币化。乐蜂网的“达人经济”同样如此，所不同的是，乐蜂网是要将影响力转化为在售化妆品的购买力。

乐蜂网最初的商业模式看似非常完美：以电视节目内容为支撑（东方风行集团），发展自有品牌（静佳品牌）和电子商务（乐蜂网）。乐蜂网做的是，将李静在电视节目积累的影响力，通过化妆品销售转化为真金白银的辅助手段。

这里，有一个被忽略的事实：乐蜂网的“达人”基本来自电视娱乐圈，影响的是电视屏幕前的用户，但乐蜂网面向的是年轻互联网用户，二者重叠度不高，电视娱乐圈的“达人”对线上用户的影响力有限。用电商的术语来说，李静电视节目的引流效果有限，而且随着移动互联网的快速发展，这一效果被稀释得越来越明显。

此外，一个关键的问题在于，从互联网经济 Come-Stay-Pay（引流——转化——支付）的简明操作公式来看，“达人”解决的仅仅是 Come 的问题，但不能解决 Stay、Pay 的问题，Stay 和 Pay 还得依靠很强的互联网运营能力和供应链整合能力。现在看来，虽然吃的是电视粉丝经济的饭，但李静对互联网粉丝经济如何玩显然还没摸着门道。

很显然，不是达人经济不靠谱，而是李静是以电视达人经济的模式玩互联网达人经济，种橘得枳也就不奇怪。

娱乐与零售之界模糊

乐蜂网被唯品会兼并，不是坏事。相对来说，唯品会的互联网基因远强于乐蜂网，背靠唯品会这棵大树，比乐蜂网按自己的方式单打独斗肯定要强。

站在李静和东方风行集团角度，由唯品会控股乐蜂网和参股乐蜂网控股公司东方风行集团，是相对较优的选择。东方风行集团有三大业务板块：以电视节目内容制作为核心的旗下东方风行集团传媒公司，自有化妆品品牌静佳和电商平台乐蜂网。乐蜂网本质上是渠道品牌，静佳则是做产品品牌，渠道靠流转速度赚钱，产品靠品牌溢价赚钱，二者商业逻辑完全不同。此前，由于化妆品品牌市场的高门槛和相对较高的集中度，作为一个全新的化妆品品牌，静佳几乎把全部的营销推广和销售资源都集中在乐蜂网，乐蜂网既做渠道又做产品，渠道要做的是低价、快速周转，产品要做的是高溢价、品牌运营，在一个平台和实体下，很难同时兼顾二者的发展。

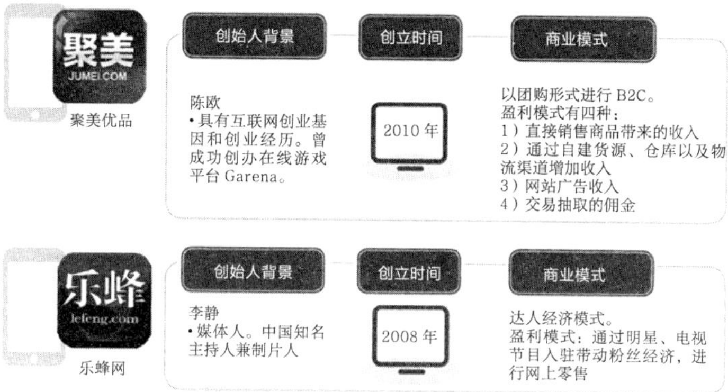

更有意思的是，包括李静在内的东方风行集团高层，既不把乐蜂网当成渠道品牌，也不当成产品品牌去做，而是当成媒体去做。乐蜂网前 CEO 王立成在公开发言和媒体访谈中多次强调："乐蜂网的 DNA 不是化妆品电商的 DNA，也不是渠道的 DNA，我们的 DNA 是一个媒体公司，一个娱乐公司。"正因如此，乐蜂网在 2012 年下半年就重点转向达人经济，而且要做大达人经济。公开资料显示，乐蜂网先后签了十多位明星、300 多位达人。媒体的本质是"信息传播 + 广告盈利"，B2C 的本质却是零售，以做媒体的方式做电商，弯子绕得太大。这自然让乐蜂网偏离在线零售越来越远，与最大竞争者聚美优品的距离越拉越大。从这个意义来说，并购前的乐蜂网处境不佳，是因为既不够电子也不够商务，也不够媒体（明星达人太多，而自身运营能力有限，无法做透）。

对于李静和东方风行集团来说，把乐蜂的控股权交给唯品会，让更专业的人来操盘，而自己则把精力专注于更擅长的电视内容制作，以及自己的梦想——打造属于中国人自己的美妆品牌静佳，无疑是最佳选择。同时，通过唯品会参股东方风行集团的方式，还可以保持住“电视节目 + 自主品牌 + 电商”的三位一体的业务结构，何乐而不为？

只有第一，没有第二！

乐蜂网控股权易主事件，在电商领域产生的影响，不亚于当年苏宁易购并购红孩子事件，加上众多垂直 B2C 电商“轰轰烈烈地来又悄悄地去”，不禁让我们脑海中浮现出这样的疑问：1. 垂直 B2C 的价值在哪儿？ 2. 互联网的出现到底让市场更为集中还是更为离散？

红孩子、初刻、酷运动、永辉生鲜电商、西米网等，有两个共同的特征：一是“生前”都是专注于某一品类或者领域的垂直 B2C，二是现在都“没了”。如果把最近五年知名不知名的垂直 B2C“死亡名单”全部列出来，恐怕两页 A4 纸都不够用。在京东、天猫等庞然大物横扫一切的当下，垂直 B2C 的价值到底在哪儿？这是一个值得深思的问题。和君咨询合伙人许宁认为，垂直 B2C 不可能被综合平台完全替代，各自有各自的生存之道，就像线下的百货商场、超级市场与专卖店、便利店并行不悖一样，但前提是垂直 B2C 要有足够高的创新价值，形成足够深的“护城河”，从而有足够强的盈利能力。只会打价格战、烧钱做规模的垂直 B2C，必将在综合 B2C 的围剿之下毫无还手之力，最终死于低价。

但互联网“自由、开放”的特征决定了“只有第一、没有第二”。互联网经济在产品上是“长尾理论”，但在竞争格局上，却是加强版的“马太效应”，尤其在 B2C 领域更是如此。在某些专业领域，即使能容纳垂直 B2C，也只能容纳不超过两家的大型垂直 B2C，赢者通吃，通吃用户资源和供应商资源。很明显，互联网在加剧垄断。

附文

聚美优品为什么可持续？

雄厚的运营能力：拥有超过 3000 平方米现代化库房、1800 平方米的办公室和专业客服中心，以及百万元打造的物流配送系统。

互联网基因成员：CEO 陈欧是美国顶级大学斯坦福大学 MBA，曾创办全球领先的在线游戏平台 Garena；而联合创始人戴雨森和刘辉，前者曾在 Google、Baidu、Oracle 等企业从事用户体验设计工作，后者精通 WEB 编程语言如 PHP、Javascript

的开发框架设计。

经营模式特点：从最初每日一件限时折扣团购模式，到如今每日多件产品限时抢购，聚美优品名品团购，其实是一个销售化妆品的B2C平台。

周凌峰点评

1. 乐蜂网收入点太少，没有形成收入链。无论是传统企业还是互联网企业，只有拥有足够多的收入点并形成收入链，发展才可能持续。乐蜂网单靠粉丝，靠达人经济，靠广告盈利，加上引流效果差，没有形成有效的收入流，而聚美优品收入点明显多于乐蜂网。

2. 现在很多企业“挂羊头卖狗肉”，说的是：做什么不是什么，卖什么不是什么。而过去企业做什么是什么，卖什么是什么。乐蜂网本来像挂媒体的“羊头”，卖化妆品的“狗肉”，但卖得不够好。就像苹果公司不是纯做手机，而是通过软件销售收入、下载费、广告费用、营运商高端终端补贴、用户套餐收入分成等方式实现盈利，手机只是一个载体。乐蜂网既然要挂羊头卖狗肉，就要卖更多的羊肉，增加收入点，并形成收入链，唯有如此，才不至于盈利单薄，也不至于最后落得委身聚美优品的结局。

乐淘：放弃初心终致失败

做垂直代销，卖不出品牌溢价，且成本太高，物流、客服、市场推广等成本吃掉了大部分利润，这使得乐淘网走入了一个死循环。随之而来的自有品牌转型失败，又成为“压死骆驼的最后一根稻草”。

如果不是2014年4月24日微博上一条乐淘网已经被卖掉的消息，媒体几乎把曾经在垂直电商领域做得风生水起的乐淘网给遗忘了。

翻看乐淘网官方的新浪微博，发现其最后一条微博是在2013年10月30日更新的，是一条标准的励志心灵鸡汤：随缘、随性、随心，不急不躁，不悲不喜，静默淡然。似乎有所隐喻。

这些年，垂直电商失败的案例举不胜举。维棉、初刻、耀点100、品聚网等等都已宣告失败并关门大吉。但乐淘网还是有其典型性的，分析其成长及没落，对于我们看清楚整个垂直电商行业有着重要的意义。

初期：快速成长，曾瞄准 IPO

2008 年 5 月，毕胜创办乐淘网，他只用了一天就获得联创策源基金约 200 万美元的初始投资。在创办乐淘网之前，他是百度创始人李彦宏身边炙手可热的人物——百度市场总监和总经理助理。

毕胜开始对于乐淘网的定位是专注于玩具市场，经过一番摸索试验后，毕胜扔掉了玩具，专注做鞋子。包括阿迪达斯在内的许多知名品牌都和乐淘网签订了授权协议，乐淘网销售的品牌有 105 个，款式达到 11077 种，还准备引进更多的中小品牌——在中国有大量的类似品牌。2010 年，乐淘网已经成为中国最大的网上鞋城，并获得了全球最大的对冲基金——老虎基金超过 1000 万美元以上的投资。

毕胜的乐淘网增长速度非常可观。2009 年第一个季度时，乐淘网日均订单不到 1000 个，到第四季度时已经上升到 3000 个。乐淘网主管市场的副总裁陈虎透露，2010 年，公司的销售额已经突破 1 亿元，他预计按照之前的增长势头，2011 年的销售额可能会接近 5 亿元。如果 2012 年公司的销售额突破 10 亿元，就可以考虑 IPO 了。纽交所主席海瑟尔斯已经注意到了这个潜在的客户，并对其进行了访问。

与此同时，乐淘网先后获得四轮融资。2010 年 6 月，乐淘网发布第二轮融资消息，美国老虎基金、德同资本注资乐淘网 1000 万美元；2011 年 1 月，乐淘网发布第三轮融资消息，联创策源、老虎基金、德同资本共同注资乐淘3000万美元；2011年3月，乐淘网总部搬到王府井豪华办公楼；2012年1月9日对外公布已经获得3000万美元的第四轮融资。

在前三轮融资的前后助推下，乐淘网通过一系列营销活动迅速上位，一时间，堪称行业翘楚。获得第三轮融资后，乐淘网甚至入驻了王府井商业区，租下了澳门中心两层办公楼的位置，高峰时期员工人数超过400人。

遭遇困境：资本与成本的拖累

然而，好景不长，2012年，毕胜及其带领的乐淘网很快遭遇了发展困境。

面临资本寒冬，乐淘网第四轮估值缩水，不得不砍掉80%的广告预算，中断烧钱赚吆喝后，在三个月内用户覆盖数急剧下跌，降幅达到44%。除业绩下滑严重外，乐淘网在经过大规模裁员后，员工仅剩200人左右。

乐淘网遭遇的困境其实是每一个垂直电商都会遭遇的困境。一方面需要不断做大规模，另一方面又面临着高额的市场推广成本，以及微薄的毛利润，这需要大量的资金投入来培育市场。在不能实现盈利的情况下，即会形成对资本的严重依赖，而一旦资本市场走冷，则会面临资金链断裂的巨大风险。

乐淘网的问题正出于此，在先后四轮的融资中，乐淘网先后融得了7200万美元。但即使如此，51%的成本支出的情况下却只有10%的毛利，亏损达到了40%以上。毕胜算过一笔账：垂直购销类B2C电商公司成本=物流10%+仓储10%+反向物流3%+客服1%+技术4%+管理人员10%+市场推广10%+代收手续费2%+包装1%，成本约为50%左右，而价格战下毛利平均10%，净利为-40%。2011年，乐淘网官方称销售额达4亿元，按销售额计算，在鞋类B2C中居第一位置。但乐淘仍在烧钱的旋涡中，无法降低公司成本。

这使得规模越大，亏损越大。而在电商普遍微利的情况下，融资成功的乐淘网还选择了昂贵的王府井商业圈写字楼进行办公，这使得成本高企，也为之后埋下隐患。并且，做垂直代销，卖不出品牌溢价，且成本太高，包括物流、客服、市场推广等成本吃掉了大部分的利润，这使得乐淘网走入了一个死循环。

转型：自有品牌未获市场认可

由于难挨长期亏损，乐淘网之后又大举推出五个自有品牌，包括Chance Chance（恰恰）、Lavis Lavie（乐薇）、Imosii（茉希）、MANWILL（迈威），C+（斯伽），试水自主品牌，寻求新出路。但是，向鞋类自有品牌转型一年之后，乐淘网北京公司从高峰时的400多人急剧降至40多人，其位于杭州的团队也从近20人缩编至不足10人。

转型本是无奈之举，对于乐淘网来说，当初转型之时可能考虑得更多的是，自有品牌可以有更多的利润空间。但是他们没有想到的是，一个自有品牌的培育需要更多的时间，甚至需要更强的市场推广能力和更雄厚的资金实力。另一方面，转型必然面临着对企业的重塑，以及对员工岗位的调整等等，这相当于是给企业换血，风险同样很大。

转型前，乐淘是一个零售商，需要的是品类管理能力、销售能力、流量获取能力；转型后，需要的是品牌塑造能力、供应链能力，体现品牌溢价。从渠道制到买手制，乐淘内部结构大调整，整个供应链换血，无法适应调整的员工只能离开。

乐淘网的输：成本失控，未能坚持初心

回顾乐淘网整个发展过程，我们不难发现，乐淘网失败的最大原因是成本失控，以及未能坚持自己的垂直代销战略。

乐淘网的最大的问题在于未能控制成本。乐淘网在融资后花钱速度太快，第一就是大规模地投放广告。曾有报道提到，在2011年，乐淘网一次性投给百度的广告金额就在500万元到1000万元人民币，除此之外，乐淘网还在门户、

网址导航等网站投放大量的广告，并且还将办公室租在豪华的办公楼里。整个垂直电商本来就处于一个“赔本赚吆喝”的阶段，再不控制成本，一旦融资花完，自然面临困境。

而导致乐淘网加速走向死亡之路的却是未能完成自有品牌转型。一般来说，做自有品牌有三大难点，一是预测流行趋势，选款；二是预测销量；三是供应链反应速度。这跟做垂直代销的概念完全不同，如果没有供应链优势和货品优势，单纯的互联网企业转型去做，难度相当之大。结果显而易见，乐淘网未能成功转型，自有品牌未有起色，还丢掉了原有的在鞋类垂直代销领域老大的位置，自然离死也就不远了。

我们再看看现今在美国成功上市并大获成功的垂直电商唯品会以及聚美优品，他们都是走垂直代销的道路，唯品会主要做品牌服装特卖，而聚美优品主要做化妆品特卖，都在自己的领域里获得了成功。乐淘网在最初的鞋类垂直电商领域也是一马当先，但是却没能坚持到最后，确实让人惋惜。惋惜之余，我们需要更清楚地看到乐淘网的问题所在。

周凌峰点评

1. 缺少战略定力，在具备优势的情况下，反胜为败，非常可惜。2010 年，乐淘网已经成为中国最大的网上鞋城，已经是鞋业中最大的垂直电商，其战略定位就是一个鞋的代销网。有了这个明确的定位，接下来要做的事情就是不断降低成本的同时，不断融资。可乐淘网偏偏要去做自有品牌，不仅耗费更多的资源，同时还要培养新的能力，在没有足够资本的前提下，分散了原有的资源，丧失了大好时机。

2.即使乐淘网要做自己的品牌，也要等鞋类代销网的地位足够稳固，有多余的钱才更适合。同时还要考虑融资，来尝试自己的品牌。再者，尝试自己的品牌，也不要一开始就做好几个自己的品牌。我们说兵马未动，粮草先行。乐淘网做自己的品牌，起码要做好充分的准备，而不是在鞋类垂直电商的地位还不稳固的情况下，贸然行动，最后功亏一篑，遗憾终生。

第六章 脱离市场

成功是无规律可循的偶然

失败是能够推倒的必然

特斯拉，再补考

未能在中国市场实现收入占集团收入 50% 的预期目标，特斯拉需要反思四大问题：第一，战略预期是否符合在中国市场的实际现实？第二，公司策略和中国现行政策是否站在同一个点？第三，缺乏中国的合作者，并坚持特立独行，是否是一个错误？第四，一个不稳定的团队，能否在中国市场实现管理和销售的稳定？

2015 年 2 月，特斯拉汽车公布了 2014 年全年财报。报告显示，2014 年特斯拉汽车的净亏损为 1.08 亿美元，每股亏损为 86 美分，这一业绩不及 2014 年同期。在这一报告出炉的同时，特斯拉股价在纳斯达克常规交易中下跌 3.49 美元，报收于 212.80 美元，跌幅为 1.61%。在随后截至美国东部时间 17:30（北京时间 12 日 6:30）的盘后交易中，特斯拉汽车股价再度下跌 2.93 美元，至 209.87 美元，跌幅为 1.38%。在 2014 年 9 月份达到 291.4 美元的历史高点之后，一路下跌的走势让投资者大感揪心。

在中国，曾经信誓旦旦将大有作为的特斯拉，同样遇到了寒冬，发展速度远不及预期。原本被寄予希望的中国市场占集团收入 50% 的预期目标，也成为一纸空谈。究竟为什么会这样？这是特斯拉创始人埃隆·马斯克特别想弄明白的事情。

遭遇“骨感”现实

时间回溯到 2014 年 4 月 24 日。这一天，第一批中国用户正式从特斯拉汽车公司 CEO 埃隆·马斯克手中接过属于自己的 Model S 车钥匙。由此，特斯拉这一颠覆传统的汽车正式开启了在中国的征程。

但是，在美国取得成功的特斯拉，在中国经过近一年时间的运营，却遭遇到业绩不如预期的窘境，其发展速度甚至有挂上倒挡的趋势。

特斯拉在中国的发展呈现如此慢速的窘境，并非偶然。

第一个原因，体现在市场预期过于乐观。从我国汽车产业发展整体现状和趋势看，以纯电动汽车为代表的新能源汽车，得到我国政府的大力扶植，中央和地方政府均出台了相关补贴政策，使得近几年新能源汽车市场快速发展，市场前景得到众多车企的看好，投身新能源汽车领域的企业逐渐增多。

2013 年，我国新能源汽车销量达到 17624 辆，同比增长 37.9%，可见我国新能源汽车处于高速增长期。加之当时国内对“特斯拉概念”的热炒，使得包括 CEO 埃隆·马斯克在内的特斯拉高层看好其在中国市场的前景，认定将呈现一派繁荣景象。特斯拉选择在这个时期进军中国市场，是把中国市场当作其未来发展的一块重要领地，希望在市场竞争中抢占先机。该公司在进入中国市场之初，还曾为自身的产能不足而头疼，在这种背景下，特斯拉仍给予中国市场年销售额占比 50% 的预期，充分体现出其对中国汽车市场前景的乐观。

然而，在行业前景向好的背后，应该看到的是，新能源汽车产业有热炒过度的趋势，在我国，新能源汽车推广未能达到预期。近几年，新能源汽车整体呈现“叫好不叫座”的现状，市场销量虽增长迅猛，但体量规模还很小，新能源汽车在我国处于小众化地位，市场处于起步初期。我国消费者对新能源汽车认可度还有待提高，消费观念还未形成，与国外差距较大。加之我国配套基础设施不完善，新能源汽车在我国距离发展形成规模仍需一定的培养周期。特斯拉的盲目乐观、预期过高，导致其产品在 2015 年 1 月份出现严重积压。中国市场 50% 的目标成为一纸空谈。

没有为中国而改变

第二个原因是，特斯拉对中国市场不熟悉，体现为与我国现行政策的格格不入。特斯拉电动车在核心技术上的成熟与突破，是其产品在美国市场受欢迎的重要原因之一。480公里的续航能力充分体现其核心技术——电池的领先水平，并通过近乎完美的客户操控体验，使得它在美国迅速蹿红，获得行业内外一致认可。但成功模式不能简单复制，在中国，特斯拉完美的用户体验同样值得称道，但其充电问题一直为人所诟病。

首先，特斯拉与国家电网在充电标准上存在分歧，导致其始终未像美国那样，在高速公路上布局充电网络，失去了搭上京沪高速充电站网建设的末班车，这直接阻碍了特斯拉在中国的发展。特斯拉甚至开放了其充电技术专利，以吸引其他电动车企业向其靠拢，寄以希望在我国充电标准制定中占主导，但这并没有得到中国汽车企业的认可。无奈特斯拉最终妥协，做出调整，积极寻求与我国现行的充电标准相匹配的途径。

其次，特斯拉构建了超级充电站、目的地充电桩和个人充电桩三位一体的充电网络，并在全国多个城市铺设搭建，试图以此解决用户充电问题。但这一项计划涉及的利益相关方较多，包含地方政府、物业、用户等等，很难在其中取得利益平衡点，未来这种模式发展前景如何，仍需拭目以待。

第三个原因是，面对具有特色的中国市场，特斯拉一直保持着高傲的“单身”。特斯拉虽与中国车企的“绯闻”不断，江淮、万向、长安和力帆等都先后与特斯拉联系在一起，但最终没有任何结果。

2015 年 2 月份，特斯拉中国总经理朱晓彤及公共事务总经理陶琳也都表示，目前还没有在国内建厂的具体计划。特斯拉还是一贯继续“傲娇”、高贵地“单身”。马斯克曾在 2014 年访华期间表示，三至五年内实现国产。该计划何时得以实现？如何实现？谜底很是耐人寻味。

在华水土不服的特斯拉，本土化进程缓慢，导致其产品对中国市场而言，仍属纯进口汽车，难以享受我国对国产化新能源汽车的中央和地方补贴，其价格不具备优势。同样原因，在北上广等具有限牌政策的城市，特斯拉汽车挂牌又不能享受其他国产新能源汽车优惠政策。而这些一线城市是特斯拉极为看重的重点市场区域，这也导致其产品销量不如预期。

团队陷于动荡飘摇

特斯拉是一家成立仅十余年，总部设在美国硅谷的企业，身体里流淌的是硅谷的血液，互联网的创新思维深入其骨髓，企业具有相当大的活力。正如创始人埃隆·马斯克所言：“特斯拉还处于婴儿阶段，像一个小孩子一样，要先学会走路，先走稳，再奔跑起来。”特斯拉还很年轻，与动辄有几十年、上百年历史的汽车巨头相比，需要先学会走路，这一阶段难以避免地出现了一些管理的混乱。这种混乱最直接表现在中国区的动荡上。面对中国市场业绩不佳，特斯拉连续三次换帅，并采取裁员政策。从企业管理角度来讲，处于市场培育和拓展阶段的特斯拉，这一时期内部团队尤其是高管的稳定性极为重要，优秀稳定的团队是企业赖以发展的基石。特斯拉如此频繁地换帅调整和裁员，表现得近乎急功近利，势必会造成内部员工的人心惶惶，影响其在华的运转稳定性，这也是特斯拉未能在中国实现加速跑的第四大原因。

面对 2014 年中国市场业绩的惨淡，2015 年对于特斯拉来说至关重要，企业需要在中国做出更为积极的举动，以扭转当前的不利局面。我国新能源汽车将由政策支持逐步转向市场引导，为此，特斯拉需要放下身段，扎实做事，抓住即将到来的市场新机遇，做好以下三件事情：

第一，打造优秀稳定的团队。适当调整业绩预期，给予在华团队耐心和支持，保障团队稳定的同时，提升团队的战斗力水准；第二，加快实现本土化进程。通过合资的方式在华建厂，产品实现国产化，保障其享受到各项优惠政策，有利于成本压缩和价格的降低，能够促进销量的增长；第三，完善充电网络的布局。在平衡利益相关方的基础上，继续加快在华充电网络的全面建设，完善充电网络布局，解决充电难题，以提升客户体验的满意度。

特斯拉的未来前景仍然是乐观的，作为一家硅谷的高科技企业，应保持其互联网思维，依据其掌握的核心技术，在开发新车型的同时，向其他领域拓展。正如埃隆·马斯克2015年3月30日在其推特上发布的推文所表示的，特斯拉全新产品线——不是汽车。未来的特斯拉给人的将是无尽的可能。

周凌峰点评

1. 特斯拉有互联网思维，但没有资源整合思维，特斯拉要做好中国市场，不但需要更新自己的思维，而且还要用新的模式与中方合作，逐步打开中国市场。所谓资源整合，就是善用内外资源，形成优势互补，达成财富共享。实际上，特斯拉有好的产品，当然作为一款颠覆性的汽车产品，其安全性和耐用性有待市场检测。特斯拉以一个高贵的“单身贵族”的身份进入中国，并没有充分利用好中国政府政策、厂家、电力部门、物业等利益相关者资源，独自单枪匹马去拓展中国市场，谈何容易。当今是合作共赢的时代，也是合纵连横的时代。资源整合是快速实现目标的有效方法和工具，整合资源比创作资源快，而且成本也低，这是笔者给特斯拉做中国市场的建议。

2. 从进入中国市场的所作所为来看，特斯拉还是一家年轻的公司，在市场运作和团队建设管理上显得比较嫩一点。其团队之所以陷入动荡飘摇，其实不是团队本身的问题，根源在于中国市场怎么打，怎么拓展。没有既定的战略和思路，结果达不到预期，导致连续换帅，这是典型的西方式做法。在笔者看来，团队不稳定只是表面问题，问题根源在于战略不清晰，目标不清晰、实现的路径也不清晰。

夏利是如何走下坡路的

夏利一直努力做让每个国人都能拥有的“国民车”，成为中国平民百姓心目中最地道的入门级轿车。像这样不思进取，30 年来安于经济型轿车的车企，真是令人惊讶。

夏利曾是无数中国人的梦想之车，是连续 18 年国内销量第一的经济型轿车，一度是国产轿车品牌的龙头老大。但到了 2015 年，从 4 月 2 日起，它被深交所实施退市风险警示，摇身一变为“*ST 夏利”，若 2015 年仍不能扭亏，将被强制退市，好在 2016 年 1 月发布公告，夏利预计 2015 年实现盈利 1000 万元～ 5000 万元。那夏利是如何一步步走下坡路的呢？

车型定位误升级

夏利的前身是天津市微型汽车厂，从 1986 年第一款红色两厢夏利问世，迄今已有 30 年，2002 年并入一汽集团，成为其经济型轿车制造基地。其公司介绍这样写道：天津一汽始终以“造小车精品，做小车大师，建和谐企业”为企业愿景，坚持“省钱、省心、省时”三省理念。夏利一直努力做让每个国人都能拥有的“国民车”，成为中国平民百姓心目中最地道的入门级轿车。像这样不思进取，30 年来安于经济型轿车的车企，真是令人惊讶。

经济型轿车，或者说 10 万元以下的微型轿车，在成熟的汽车市场中，不能算是一类销量占很大比重的常规车型，而是一个国家或区域汽车市场启动初期的过渡性产品。我国这类汽车的黄金发展期在 2000—2006 年左右，其尾声至多延续到 2008 年。之后，汽车消费结构的调整，极大幅度挤压了经济型轿车的市场空间，小型车市场持续负增长。

2008—2013 年，是中国整个汽车市场的黄金时代，产销两旺，国际大型车企多年将首发款新车发布会放在中国车展，新能源车、豪车、概念车扎堆推出，形成对比的是，我们汽车行业发达的邻国大型车展上往往只有一两款新车发布。这样火爆的势头，推动了汽车消费的升级，而此时汽车金融政策放开，将一部分经济型轿车的用户拉升到中高端车型。

有人说“更换夏利出租车”，成为夏利车命运的转折点，那么夏利人是否认为一线城市容不下夏利，三四线城市就有空间呢？事实上，城里人开着辛辛苦苦攒钱买来的一辆小车下乡，往往是被农村的“大奔”震惊了。国人的攀比、炫富的心理，使三四线城市乃至农村的部分消费者，直接从面包车跃升到中端车。

早年同样耕耘微车市场的吉利汽车，2006 年进入中级商务车市场，2008 年启动战略转型，试图进攻高端市场，未果，2010 年以收购沃尔沃的方式进入该市场。奇瑞汽车早在 2009 年就意识到，将奇瑞等同于 QQ 的市场认知无法给企业带来可持续发展，从而推动公司进入转型期。而夏利始终未曾试图离开这一竞争激烈、利润微薄、需求持续下降的市场。

款式老旧失人心

即便是扎根经济型轿车这一领域，产品样式也应更加多样化，以迎合年轻消费者的多元需求。为适应城镇化发展的需要，长安、奇瑞等都在积极开发微型车，但唯有夏利的变革速度慢得惊人。多年来款式一如既往，缺乏亮点，没有能够推出与时俱进的产品。这种局面的造成，源于夏利一味停留在“省”的概念，未能确立取悦消费者的价值定位。凯越 HRV 是崇尚健康、休闲、活力的年轻都市新锐之车，奇瑞 QQ 象征着时尚、酷。夏利的品牌内涵是什么呢？

在 2009 年之前，夏利总共推出 11 款小改款的车型，形象变化一直不大。2009 年夏利 N5 和威姿 V1 的推出，算是较大一次升级换代，但仍未形成亮点。同时，消费者对其技术和质量的评价也逐步下降，夏利逐渐沦为代步工具的概念。

2014 年 10 月，骏派小型 SUV 上市，代表着夏利终于试图走出“经济耐用”的窠臼，转向“精致时尚”定位。但该产品上市太晚，而且，夏利在从 2 万到 7 万元这一狭小的价格区间内，建立三个品牌，形成经济车型中的高、中、低档的产品布局，消费者识别起来存在很大的困难。因而，这一举措也很难帮助夏利摆脱退市风险。

集团内部边缘化

夏利在被一汽收购之后，在集团内部一直处于边缘化的位置，没有作为一汽旗下主要品牌去培育，没能获得更多的资源。

从并购初衷来看，有人说，一汽集团是将夏利作为低端汽车生产基地，完善产品线，但有另外的意见认为，一汽是“醉翁之意不在酒”，受制于不能与两家以上外资车企合资的红线，看重夏利与丰田合资的天津丰田汽车，从而变相与丰田实现合作。夏利则可以借助一汽的渠道优势，巩固微型车的竞争地位。但并购完成后，夏利的位势发生了很大的变化。

首先，在一汽集团内部，中、高端品牌比较齐全，为避免更多的同业竞争，夏利只能延续其低端轿车的定位，也就是说，并入一汽集团，使夏利彻底丧失了升级的可能。一汽集团先后投入数百亿元用于自主板块的研发和品牌培育，但大部分倾斜于一汽轿车所属的骨干企业，红旗、奔腾等产品获得了大力推广，并且低端入门的欧朗也受到了更多的重视。

其次，从规模上来看，夏利对集团的贡献微乎其微。2013 年、2014 年，夏利向一汽集团贡献的汽车销量分别为 4.99% 和 2.33%，缺乏存在感。经济型车的盈利能力又弱，实在无法得到重视。客观地看，对于世界 500 强、5000 亿元量级的一汽集团来讲，确实也无法给夏利更多的关注。夏利与很多小品牌被巨型企业收编的后果一样，难逃衰落的命运。

再者，换标换掉了夏利品牌。有“国民车”称号的夏利与其经典的纵横交叉、动感十足的车标共同印在消费者心中。但 2009 年 11 月，随着夏利 N5 下线并宣布上市，夏利换上了一汽集团的“鹰标”，放弃使用了 23 年的夏利标。业内人士普遍认为，换标等于白白扔掉了无形资产。

当然，夏利换标并不是一汽集团试图消灭夏利品牌的动作，而是集团的统一行为，奔腾、吉利、解放也相继换标，统一使用“鹰标”。同样，专家和消费者对此次换标都不买账。一汽换标手术过大，为自主品牌战略而力推新标，但是在汽车行业内，没有任何一家大集团用单一品牌覆盖所有的车型。通用旗下的凯迪拉克、别克、雪佛兰，覆盖了高、中、低三个档次，做到了清晰的区分。丰田也以丰田、皇冠、雷克萨斯区分中端、中高端、高端三个档次，并且为了进入高端市场，创立雷克萨斯品牌时，尽量避免用丰田进行背书。对于一汽集团来讲，奔腾主攻中端车市场，夏利主攻低端车市场，解放主攻商用车市场，各自的品牌诉求和个性都截然不同，居然用同一车标代表，实在匪夷所思。

最后，一汽集团一直谋求的整体上市对夏利的前景也无法预知。集团为上市设立的主体公司一汽股份，向一汽夏利做出解决同业竞争的承诺，最后期限为 2015 年 4 月 5 日，最终无法兑现。这样一来，集团资产整理推迟到何时无法确知。集团自主板块业务无起色，背负着沉重的包袱，不可能给夏利更多的投入。在集团现有架构下，没有更好的办法可以使夏利品牌重新焕发活力。

时代变局何去何从

我国汽车市场的火热并没有持续足够长的时间，就已经迎来了大变局。造成这一局面的原因众所周知：汽车尾气污染，大中城市限购，反腐加大限制公车力度。但在 2015 年这个时点上，仍然有一些深层次的问题值得思考。

当其时，国际车企在做什么？特斯拉不仅在新能源车领域横空出世，而且以 IT 理念造车，以移动互联网思维用车，推出了划时代的产品。谷歌的无人驾驶技术越来越接近商用，以至于李开复说，只要谷歌以无人驾驶和互联网技术为主收购一家车企，就能够跨界一跃成为世界上最大的车企。而一直崇尚移动文化的本田，多年来一直在研究类人型机器人。就连小米手机、乐视也多次与汽车联想到了一起……2015年，一个汽车行业的划时代的里程碑正在开启。

2015年，第一轮汽车合资年限到期，预期的重组潮未能到来，众多合资车企陆续或即将完成续约。十多年前，笔者曾听一位业内人士说，从规模、技术上的巨大差距来看，中国车企唯一的出路就是合资。十年后，身居高位的他公开表态，汽车合资股比暂不放开。虽然国有企业被认为将从竞争性行业退出，但汽车行业历来被视为支柱产业，汽车准入也不可能放开，这意味着，中国汽车市场将继续巨型国企、合资企业、民营企业畸形竞争的格局。巨型国企将握着自主品牌、合资品牌左右互搏，并制造了新型民营资本进入汽车行业的门槛，使喷薄欲出的汽车产业生产力受到了强大的桎梏。

汽车产业20年高速发展，造就了一个巨大市场，大到一个国际品牌可以在中国卖一半车，在世界上卖另一半，但这个市场没能孕育出强大的自主品牌。数年前，笔者判断西方经济危机将加速国际知名车企的没落，为中国车企通过收购的方式实现品牌升级提供历史性机遇，但也只有民营企业吉利实现了丑小鸭变天鹅的梦想。

曾有一个观点，在行业发生变局的情况下，如果一个企业连规定动作都做不好是危险的。一汽夏利的持续亏损，甚至其股东一汽集团出现的腐败案、一汽轿车的亏损、高端品牌培育的失败，正是在这种情况下发生的。这真是产业保护政策下的悲哀。

周凌峰点评

1. 夏利从中国人的国民车、梦想车，沦落到难堪的境地，主要有两个原因：一个是不思进取（内因），另一个是汽车产业政策（外因），在这两个因素的夹击下，夏利没落衰败是必然的，令人扼腕痛惜不已。经济车型并不等于老式或陈旧，而是价格经济。德国大众，定位就是要做经济车型。中国人喜欢攀比和炫富，这的确是事实。但价格经济的车型仍然有市场，对于不同的阶层，价格经济的定义不同，为什么非要定位在七八万呢？为什么不延伸定位于性价比好的车呢？如果把价格经济的定位稍微延伸到性价比好的车，也许会是另一种境况。

2. 夏利被一汽收购，一定是个悲剧，因为一汽有中高端车型，收购夏利是为了弥补其低端车型的不足，结果必然是夏利始终被定格为低端车、价格便宜的车。如果没有被收购，夏利能够与时俱进，不断创新推出新车型，把自己定位在性价比好的车，就像大众车一样，也许能继续保持国民车的形象。

露华浓与卡尼尔：大撤离真相

同样从中国市场撤离，露华浓是削足适履，而卡尼尔则是为了配合母公司欧莱雅，从全品类模式向细分模式转型。因此，管理层在规划公司战略时，不能单方面从财务角度思考，而更应该基于未来的市场战略思考自己的下一步。

“云想衣裳花想容，春风拂槛露华浓。”取自李白《清平调》而命名的美国知名化妆品品牌“露华浓”，在 2013 年年底宣布从中国市场撤离。这个早在 1976 年就开始在中国广东沿海地带进行销售的美丽品牌，正如她当初轻轻地来，又轻轻地离去，甚至未能带走一片云彩。无独有偶的是，仅仅距离露华浓离开后的一周，进入 2014 年之际，欧莱雅也宣布，旗下的卡尼尔同样退出中国市场。

曾令中国女性趋之若鹜的露华浓和卡尼尔，为何从中国市场的神坛惨跌在地？而尽管撤离之路趋同，但露华浓和卡尼尔真是殊途同归吗？

削足适履式撤离

露华浓和卡尼尔在中国经济结构转型和城镇化、消费升级的关键当口离开了中国，归咎起来，自然是其自身的原因更多一些。

以个体基数为支撑的消费品行业来说，中国市场有着全球数一数二的人口优势，中国近些年的高速经济增长（对比全球增速）也带动了全球的 GDP 发展。从数据上看，中国大陆地区的化妆品市场容量已经达到 1800 亿至 2000 亿元人民币之间的庞大规模，而近些年化妆品行业也始终保持着 11% 至 13% 的年复合增长率。

在如此巨大的市场容量和增长的形势下，尽管不能说每一家化妆品公司都能分得更多的羹，但至少也应该在自己的财报上，数据做得漂亮一点。但据露华浓 2013 年第三季度财报显示，露华浓全球实现总收入为 10.21 亿美元，比上年同期下降 1.3%，而其中第二大市场的亚太地区，尤其是中国内地和香港地区，衰退幅度却位居其全球七大市场之首，跌幅更达 3.5%。

在中国市场上业绩不佳后，选择撤离，看起来顺理成章，但露华浓此举却实在是“削足适履”。根据露华浓官方宣称，其关闭中国业务是公司重组计划中的一部分，旨在为公司每年节约成本 1100 万美元。很显然，露华浓的管理层此举，是仅从财务指标上，选择了投资回报最不良地区的成本开刀。但是，公司战略的思考和设计不只有财务指标，还有更重要的利基市场战略分析。中国市场的增长潜力，显然有足够的空间来消化因全球经济放缓而高企的管理成本。越是举步维艰，越要关注高潜力增长的市场。为了能够穿得上一双叫做成本控制的“鞋”，而削去高潜力市场发育中的“双脚”，这种杀鸡取卵之行为，恐怕葬送的是露华浓的未来。试问，只砍成本，而放弃收入增长的机会，即使临时性增加了财报上的利润，但是下一年、再下一年，未来的利润又从何来？

战略转向式撤退

再看欧莱雅，它和露华浓一样，业务也在 2013 年出现衰退，其 2013 年第三季度的全球总收入为 54.8 亿欧元，而一直作为其业绩增长支撑的含中国市场在内的亚太市场，罕有地出现了 1.2% 的下滑。为此，欧莱雅也决定内部资产重组，卡尼尔撤离中国市场就是其战略和经营调整的一部分，但是，欧莱雅的重组却和露华浓有本质不同。

欧莱雅的重组背后，体现的是战略节奏：首先，通过适度调整，集中品牌的资源和力量，立足大众护肤系列，减少自我品牌相互蚕食，各就其位；其次，品牌上下拉开，左右补位，兰蔻、碧欧泉等高端品牌从价位上占据一线市场为主，巴黎欧莱雅和美宝莲纽约从价格梯度上逐渐坐实一线的商超渠道和二线城市的商场专柜，其他三四线市场通过大众护肤来覆盖，同时还将由单品制胜的美即来补位大众护肤。最后，将公司过去一直养在深闺的科莱丽和圣罗兰品牌逐渐释放出来，以迎合当今消费升级市场需求。

另外，从人力资源角度，欧莱雅对卡尼尔的重组也释放了战略信号，欧莱雅向卡尼尔的员工承诺，每个人都有机会内部转岗就业，这意味着，这些富余员工都转向有战略需求的其他品牌。因此，卡尼尔的撤离，表面上是卡尼尔作为单一品牌的经营失败所致，但从公司战略角度，却是把人力资源集中向有战略需要的品牌部门，其背后透露的是，原有的全品类模式向细分模式的转型。

历年退出中国市场的外资化妆品品牌

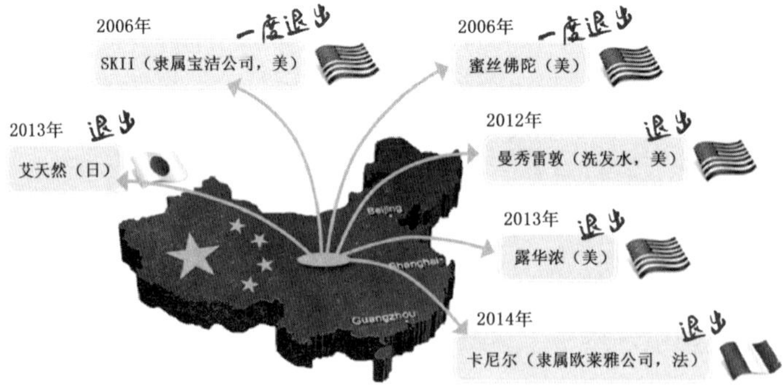

适者生存

露华浓在中国的品牌营销一直鲜有动作。在品牌诉求角度，尽管其在华宣传的品牌代言人是著名的奥斯卡影后哈莉·贝瑞（Halle Berry），但哈莉·贝瑞黝黑的皮肤，对于东方的中国消费者来说，似乎缺乏关联度。

在产品角度，露华浓对中国消费者的理解和需求亦存错位，其在彩妆品牌阵营里只能算是第二梯队，而价格却全面迈入第一梯队，尤其是其主打的英雄品类唇彩系列。如今的中国消费者已熟知各知名品牌，尤其是时尚类和奢侈类品牌全球的价格指标——中国消费者不但很关注价格，同时，他们更能迅速掌握到全球最快的资讯。

作为快速消费品，尤其是时尚类产品，业界有一个惯例——每 18 个月至 24 个月必定要进行新产品上市或老产品重新包装。露华浓在这方面更像一个蹒跚老者，渐行渐缓却遗风不减，这如何能适应中国快速的竞争节奏？

再看欧莱雅，它不仅熟谙化妆品品牌经营之道，更能读懂中国消费者。欧莱雅很清楚，今天的小众和高端品牌，明天就将成为大众和中游品牌，而今天的大众品牌明天将进一步下沉，甚至淘汰，因此，欧莱雅在中国的策略是，通过更高端品牌的引进、产品的迭代，替代终将被时代淘汰的品牌。对于欧莱雅来说，巴黎欧莱雅、美宝莲和卡尼尔地位一样，它们各自的未来，终局如何，谁去谁留，只取决于时代的选择，只是这一次，卡尼尔先走而已。

中国生意经

无论是露华浓还是卡尼尔，无论是财务退出还是战略调整，其本质上都是市场表现不尽如人意的结果。那么，外资品牌失去的市场份额去了哪里？

目前，在中国广袤的县乡市场已经有大约20万家左右的化妆品专营店，这里，很少看到知名国际品牌，但是，一个个造型精美、芳香扑鼻的瓶瓶罐罐，仍然有广大的粉丝追随。这一现状说明，中国消费者追求美的愿望是普遍存在的，农村不会因为缺失国际大牌，就出现需求空白。中国本土的企业更懂得这一点，所以在最近十多年中，诸如上海家化、自然堂、柏莱雅等本土化妆品品牌的战略就是，暂时不和外资在一线城市硬拼，寻求渠道下沉，积累市场资源，然后再逐渐杀回来。

这些年，败走的、折戟的、退出的、调整的外资品牌，其市场份额其实多被本土新生代化妆品取代。中国企业的智慧从来都不缺，不足的只是国际游戏的规则，而这一点也在中国加入WTO的十几年里逐渐学会并驾轻就熟。对于外资企业来讲，空降高管可以更好地传承作为国际化公司的企业文化和管理理念，然而不足的就是本土化经验和理解尚待时日。今后，外企一定会越来越快地推进本土化进程，这需要在战略顶层设计和策略制定中主动拥抱中国市场的变化。事实上，很多领先的消费品公司的高管团队甚至中国区掌门人，已经由中国籍职业经理人来操盘。在这个进程中，如果仍由西方市场的既得经验来指导中国市场的运作，难以做到顺势而为，其结果必然没那么乐观。这一点，对露华浓是一个教训，对欧莱雅是一个建议。

回看露华浓和卡尼尔挥别中国市场，尽管我们总能在事后慨叹其诸多不如意之事，但是中国企业不能因之窃喜，反而更应向其学习先进的、国际化的经验和敬畏其过去取得的成就。

附文

露华浓公司

1932 年，露华浓公司成立于纽约，创始人是查尔斯·郎佛迅、约瑟夫·郎佛迅兄弟和化学家查尔斯·郎曼。他们共同发明了一种特别的生产技术，即用颜料替代染料制成色泽艳丽的不透明指甲油，并调配出前所未有的缤纷色系。这项成功的发明，不仅给女性带来了美丽与惊喜，也使得露华浓公司成为国际化妆业的先驱。

周凌峰点评

1. 同样是因为收益率下降而撤退，露华浓和卡尼尔演出了两套不同的舞台剧，露华浓是削足适履，卡尼尔是配合欧莱雅转型。我们知道财务数据指标是结果，并不能反映市场的真实情况，更不能反映潜在或内在的隐私。很多公司包括中国公司受西方经典管理思想影响，把财务结果不好的坚决砍掉，这种做法就像西方企业里的总裁，要么总是裁人，要么总是被人裁。因为总裁只要一上来就裁员，成本就会立即下去，就保住了总裁自己——总裁就不会受到董事会的威胁。撤退有两种，一种是败下阵来，一种是战略性撤退，露华浓属于前者，卡尼尔属于后者；前者撤退简单粗陋，后者撤退有序而为，两者高下立见。

2. 市场永远是优胜劣汰的市场，用户或客户永远只忠诚于产品给自己带来的价值和好处。我们不要被所谓的西方经典营销思想所束缚，搞什么产品知名度、美誉度，这些都是一些学者把事情搞复杂的一种表现而已。如果产品不能满足用户或客户的需要，以前有再好的口碑、再好的品牌也没有用，尤其是在中国，化妆品要懂中国人的心理和消费习惯，否则只有退出市场。

第七章 多元之殇

成功是无规律可循的偶然

失败是能够推倒的必然

贵州百灵：多元化挫在商业模式

商业模式是企业资源能力的组合及交易结构，目标是为了保持和最大化企业价值。但是，贵州百灵却在定位上扬短避长，在新业务上资源能力不匹配，在交易结构上配置缺乏实效体现。拥有大把资产和资金，使用效率却较低。

作为苗药龙头企业，2010 年上市的贵州百灵企业集团制药股份有限公司（以下简称贵州百灵），近来已连续在多元化战略中搁浅。

贵州百灵 2014 年发布公告称："胶原蛋白饮品项目，变更为中药饮片生产线及仓库建设项目，投资额由 3.95 亿元调整为 1.3 亿元。"

据追溯，原战略项目启动于 2012 年 8 月，当时这家公司提出进军饮料行业，意图结合饮料行业的高速发展及自身资源，实施多元化发展战略，同时利用医药生产技术，为社会提供高品质的功能饮料。最初的预期是，项目拟定新建年产能 2 亿瓶胶原蛋白果汁饮品、中草药草本植物功能饮料，年均销售收入达 13.8 亿元，年均净利润达 1.45 亿元。

贵州百灵多元化战略搁浅还不止这一宗。贵州百灵 2010 年上市后，募集资金净额 13.88 亿元。2013 年半年报显示，贵州百灵合计已使用 7.1 亿元，投入 8 个项目。除去建立营销中心、制药公司外，将业务拓展到肥料、太子参种植以及胶原蛋白等领域。但是，巨额投入不仅没有得到相应的产出，反而推高了公司的资金缺口。另外，贵州百灵还曾宣布启动两款新药的研发，但至今依旧未进入临床试验阶段，其前途仍然未知。

贵州百灵，到底出了什么问题？笔者从商业模式的角度做一个解读。

商业模式的四大命题

商业模式是企业资源能力的组合及交易结构，目标是为了保持和最大化企业价值。商业模式涉及战略定位、资源能力、交易结构和金融模式等四个要素，但贵州百灵的商业模式存在问题。

定位上，扬短避长。贵州百灵的主打产品是苗药，公司的主要产品有四个，分别是独家苗药产品银丹心脑通软胶囊、独家苗药产品咳速停糖浆及胶囊、非苗药独家产品金感胶囊、VC 银翘片。

银丹心脑通软胶囊，具有“心脑同治”的功效，是横跨心脑血管大病种领域的大品种。该产品预计 2013 年全年增速达 35% 左右，实现收入 3.7 亿元以上，计划 5 年内实现收入 20 亿元。

另外，公司上市之后，收购了 5 家公司，共获得 8 个有专利的苗药产品以及多个有潜力的品种，目前，公司已有 17 个独家苗药品种，其中康妇宁、泌淋清、金带宁收入超过 5000 万元。除此，公司还联合国内知名的专家及院所，进行治疗糖尿病的苗药秘方的临床前的项目，也被市场期待。

由上可见，贵州百灵在苗药领域建立了坚实的基础。那么，它应该如何提升公司的业绩？从长期来看，应该是强化苗药龙头的定位，并通过与苗药兄弟公司展开合作，做大苗药品类。

以 VC 银翘片来说，这是一个非常受患者喜爱的感冒治疗药物，物美价廉，但很少有人知道，它其实是一种苗药。可以肯定，仅 VC 银翘片就能支撑起苗药有效可靠的消费者认知。随着苗药品类的不断成长，贵州百灵作为龙头企业一定能够成为最大的受益者。

但公司新上马的胶原蛋白饮品、肥料等与此定位相去甚远，属于削弱公司定位优势的做法，至少没有将精力聚焦在做大苗药品类方面。

资源能力不匹配新业务。贵州百灵的处方药渠道销售团队有 500 人左右，目前公司已开发二级以上医院 2800 多家，其中三级医院近1100家。公司OTC（非处方药）渠道销售团队1000人左右，开发终端零售药店VIP客户40000多家，与全国百强药店连锁都有战略合作关系。从规模和质量来看，贵州百灵在处方药和OTC领域都有很强的渠道资源。从近几年的业绩增长来看，渠道队伍的能力也是比较强大的。

但公司投入巨额资金的胶原蛋白饮品是食品饮料行业的项目。其渠道与医药渠道不同，是商超一类的销售渠道。从项目操作手法看，该公司对这类业务缺乏风险认识和操作能力。纵然是饮料行业的一线大牌饮料企业，推出的众多新产品也不易成功。贵州百灵凭什么行？一个新饮料品牌的诞生，起码要在小的区域范围内先销售成功，并通过多年的时间不断积累品牌资源，然后再进一步扩大销售范围，提升销量。有着170多年历史的品牌王老吉，其凉茶产品在2001年的销售额也就1亿元左右，起初一定是业绩慢启动的过程。但贵州百灵计划是年均销售收入达13.8亿元，焉能不败？

可以说，贵州百灵在饮料和肥料方面的资源能力与饮料和肥料的项目不匹配，一味大干快上，风险控制失当，是其失败的重要原因之一。

交易结构亟待升级。贵州百灵主业的交易结构是围绕着苗药的销售及原料生产。前端是药品销售，后端是中药材的种植，种植有利于降低部分原料采购成本，也可以拉长产业链，平滑原料价格变化对企业经营的影响。种植业务的扩张，也可以增加公司销售额。

但从人均产值看，贵州百灵人均产值 10 万元以内，2013 年三季度报告显示，净资产收益率 1.82%，运营效率尚待提高。交易结构需持续优化升级，提高组织效率以提升人均产值，不断培育品种。

从金融模式看，资产负重而行。贵州百灵公司 2012 年的年报显示，总资产报酬率 6.82%，净资产收益率 11.25%，资产周转率 0.42%，可见，其资产运用效率较低。其实，贵州百灵完全可以考虑着眼于培育苗药品类，扶持行业内生产型苗药企业的发展，将部分产品的生产环节与其他机构合作，专业分工，将资金更多用于收购兼并及研发新的苗药品种，将资产转轻，进而不断强化自己的商业模式。

多元战略不能简单化

作为一家优秀的苗药龙头企业，贵州百灵的发展失当给我们很多启示。

首先，面对资本市场及成长的压力，作为拥有行业发展潜力的公司，升级商业模式是优选的方向，而不是简单的多元化，聚焦、不熟不做是基本原则。通过不断升级商业模式，坚定自己的定位，推动行业与产品品类的发展而做大企业，是企业易行的方式。

其次，企业如果要进入新的领域，或进行商业模式转型，都需要资源能力的匹配与升级。转变有一个过程，也需要借助合作整合资源以达成目标。否则，当新项目相关的资源能力极其不匹配而贸然行动的时候，项目的失败也就不可避免。

最后，上市公司要善用资本市场，通过盘活、变轻资产，提高市值，利用市值机制收购兼并，强化企业商业模式的力量。

周凌峰点评

1.企业多元化背后靠的是资源和能力的支撑，贵州百灵盲目发展不相关多元化，导致受损、受累、受害，完全是战略的失误。本来，贵州百灵完全可以实施相关多元化，把企业打造成中国的苗药之王，一是其占据了贵州得天独厚的地理优势，二是原有资源和能力优势，也足以进一步做强做大苗药产业。贵州百灵花大量的资金去做胶原蛋白饮品项目和化肥项目，在兵法上讲，知己不知彼，以弱击强，失败是必然的。贵州百灵决策层可以好好读读《孙子兵法》，学学什么叫先胜后战。贵州百灵在完全没有胜算把握的情况下，贸然去做饮品项目，简直是昏了头，是找死。如果深究贵州百灵为什么要这么做，为什么这两个项目在董事会或高层决策通过了，估计深层次原因是决策机制有问题。我们常常给企业建议，做大项目或战略需要质询，假设有质询和监督机制，也许这两个项目不会通过决策。

2.商业模式成功是有前提的，就是战略不能失误，方向不能偏，定位要明确，否则商业模式看上去很不错，其实都是华而不实的。企业多元化背后要靠能力和资源支撑，要靠战略指引。

湘鄂情：巨亏下的“瞎转型”

定增36亿元进军互联网——A股第一家民营餐饮企业湘鄂情，继2013年净亏5.64亿元之后，凭借这条定增消息再次成为舆论关注的焦点。在餐饮主业严重亏损的背景下，湘鄂情尝试了跨行业的多元化转型之路，然而其选择的环保、影视、新媒体、大数据等四项新业务，均不能助它走出困境。

受公务消费限制的影响，大部分中高端餐饮企业经营业绩出现严重下滑，甚至出现亏损和破产的严峻局面。作为第一家在国内A股上市的民营餐饮企业，2013年，湘鄂情实现营业收入8.02亿元，同比下降41.16%，营业利润-5.64亿元，同比下降788.76%，共关闭门店13家，这是湘鄂情自成立以来出现的首次严重亏损和经营困境。

多年来依靠“公务消费”这一条腿走路的经营模式，已经不能支撑湘鄂情未来的发展，同其他中高端餐饮企业一样，湘鄂情必须走出一条转型的发展道路。当中高端餐饮企业纷纷谋求自身转型的时候，湘鄂情能否找到一条切合自身实际的转型之路，以扭转当前的发展困局呢?

战略：没弄明白自己要什么

在过于频繁变动的战略变动中，湘鄂情似乎没有弄清楚自己究竟要什么，同时，也没有明白自己的能力所及。

湘鄂情前身为1999年创立的北京湘鄂情酒楼有限公司，后在2007年成立股份公司。初期定位是中式餐饮，2009年在深圳证券交易所挂牌上市。此后，在2012年4月，通过收购上海齐鼎餐饮发展有限公司，湘鄂情从正餐领域进军快餐领域，但就在当年，湘鄂情的净利润增长率却出现了上市以来的首次下滑，从2011年的50.93%大降至2012年的15.14%。

为了谋取业绩增长，2013年12月，湘鄂情通过收购江苏晟宜环保有限公司51%股权，以及设立合肥天焱生物质能科技有限公司，进入了环保产业。但是，2013年却首次爆出了巨额亏损。

进入2014年，湘鄂情没有“痛定思痛”，反而继续扩大了多元化战略目标。3月，先后收购了北京中视精彩影视文化公司和笛女影视传媒（上海）有限公司51%的股权；紧接着，在5月5日，又与中科院计算所共建网络新媒体及大数据联合实验室；5月11日，宣布定增36亿元，并用其中的

29.2 亿元拓展公司互联网业务；5 月 25 日，以不低于 51% 的股权与上海瀛联体感智能科技有限公司合作成立上海爱猫新媒体数据科技有限公司。由此，湘鄂情成为一家横跨餐饮、环保、影视、大数据和新媒体的企业。

湘鄂情真能把这些多元化业务做出成就吗？显然不现实。

运营：没明白自己的能力所及

湘鄂情投资的环保、影视、大数据、新媒体是几个业务、技术、市场均不相关的行业，意在通过跨行业多元化有效规避企业当前的经营风险，提高经营的安全性。通常而言，企业内部具有闲置资源，并且自身具备业务拓展的实力，是企业多元化成功的关键。然而对于湘鄂情而言，其多元化是在其餐饮业务走投无路情况下的无奈之举，公司内部不但不具有资源基础，而且也缺乏业务拓展的实力。由此可见，多元化这副“良药”很难治好湘鄂情所患的重病。

首先，湘鄂情采取的跨行业多元化发展模式需要较强的财力支持，而湘鄂情主业餐饮业务亏损严重，其投资的环保、影视等业务，要想成为其新的主营业务，仍需要一段时间的培育，而且未来能否为其提供源源不断的资金支持，无人能保证，这种不确定性决定新业务不可能成为湘鄂情多元化的推动力。而大数据等互联网业务，对技术水平有较高的要求，虽有技术能力无可厚非的中科院计算所作为技术后盾，但其毕竟缺乏商业实战经验，开发的产品能否抓住商业脉搏，在当时谁也说不清楚。虽然合作双方都比较看好“视频搜索、云搜索平台以及新媒体社交”的发展前景，但其配套的运营模式、技术水平、应用推广能力尚不能达到要求，而且一旦一步没踩到点上，就很可能滑向失败的深渊。这样一个尚处于起步阶段的新产品若作为湘鄂情的主营业务，同样具有很高的经营风险。由此可见，仅仅依靠定增等方式募集的资金很难为其多元化发展道路提供有力支撑。

其次，跨行业多元化发展模式，需要清晰的战略和定位。目前，湘鄂情的战略与定位均不明确，发展道路仍充满困局。上市之初定位于高端餐饮的湘鄂情，主业结构已转向新媒体、大数据、环保，商业模式也由经营者转向投资者。虽然该公司一再宣称未来将逐渐布局大数据业务，但其产业定位仍然十分模糊，未来是想成为新媒体的后起之秀，或是环保行业冉冉升起的新星，抑或大数据领域的开路先锋，还是只想通过这种“讲故事”的方式抛掉公司沉重的包袱，都不得而知。或许连它自己都不清楚自己到底是谁，最后想成为谁。在这样的困局之下，湘鄂情很难理清未来的发展战略，更不要谈战略的实现路径了。总之，不管未来选择哪条路，它仍被深困在水下，一不小心就溺水身亡了。

再者，人才技术匮乏。人才、技术与资金，是公司进行多元化的三大基础，相对于一般单一型业务企业而言，多元化企业对公司人力、技术等资源提出了更高的要求，尤其是公司领导、核心技术人员等。多元化经营要求公司领导人员具有管理协调不同经营业务的能力及合理分配企业内部资源的能力。而对于湘鄂情而言，虽然通过收购、合作等投资方式获得了环保、新媒体、大数据等领域的相关技术，但并不能满足公司发展对技术的要求。如大数据领域，湘鄂情虽然通过与中科院计算所的合作获取其多年的技术研究成果，但作为一个新兴产业，中科院计算所在大数据领域同样也处于开拓阶段，其技术能力并不占优。更重要的是，湘鄂情高级管理人员基本都出身于餐饮行业，高端管理人才奇缺。在复杂的多元化经营策略下，如何能够实现不同行业之间的互补与融合，这正是湘鄂情人才的短板所在。

最后，市场开拓能力不足，多元化前景不容乐观。湘鄂情转型之初，希望通过快餐、团餐业务及以农产品为主的网购平台“天天有菜”的上线弥补其高端餐饮的亏损，而随着后来业务转型不断向其他领域扩展，“天天有菜”网购平台没有上线。新涉足的环保行业，主营生物质能源设备的研发、制造和销售，虽然与国家的产业政策高度一致，然而其仍然处于起步阶段，产品的销售与盈利能力低于预期，在市场上尚未形成竞争优势。新媒体等文化传媒属于资金密集型行业，竞争非常激烈，且见到成效需要一定的周期，在资金并不充裕的情况下，中视传媒也无法成为湘鄂情新的业绩增长点。大数据业务尚处于起步阶段，在未来有一定的发展空间，但已经形成的互联网寡头却也给市场带来了严重的挤压，若公司缺乏强力的技术支撑和有效的市场推广能力，在市场上很难占有一席之地。

不管湘鄂情是否真正想通过多元化的转型走出困境，其“病急乱投医”的大量收购、合作等投资行为，还是给投资者以“丢包袱、讲故事、吸投资、保空壳”的印象。在其原有传统主业经营不下去的情况下，湘鄂情若不能通过一两次有效的资产重整来引起其他已投产业或投资者共震，或者未来产业不能得到有效布局，再这么折腾下去的话，那等待它的，只有一个“死”字。

果不其然，2014 年 8 月湘鄂情更名为“中科云网”，跨界转型之彻底，餐饮业可谓无出其右，直至湘鄂情商标最后转让，湘鄂情已经与餐饮业无关。从门庭若市，到门可罗雀；从鼎盛时期 34 家门店，到现在仅余寥寥几家；从上市成 A 股民营餐企第一股，到最后停牌，湘鄂情只用了短短几年工夫，把很多企业要走的路都走完了。

周凌峰点评

1. 湘鄂情不清楚自己到底是谁，最后想成为谁。湘鄂情根本没有战略，完全是个机会主义者，看到哪个行业有未来，就投资哪个行业。要知道，有的行业别人能做，你不能做；有的行业别人不能做，你或许能做。

2. 在业务单一、业绩良好的时候，未能未雨绸缪，构建自己的业务链，如核心业务（碗里的）、新业务（锅里的）、种子业务（地里的），即今天的钱从哪里来，明天的钱从哪里来，后天的钱从哪里来。在业绩好的时候，风光的时候，忘记给自己找好备胎，忘记了种下未来的种子。一旦行业不景气或行情不好的时候，就病急乱投医，到处抓瞎。这说明湘鄂情企业风险意识薄弱，又缺乏战略管理能力，是个典型的机会主义者。

3. 企业多元化是以专业化为基础，多元化背后靠资源和能力支撑。即使是世界上最著名的多元化企业GE公司，它的多元化也是建立在专业化基础之上，否则不会有GE公司的所谓“不在行业做到第一或第二就卖掉公司”这条铁律。湘鄂情没有必要四面开花，一下进入四个不同的领域，可以进入餐饮相关领域，收购一些有潜力和发展空间的公司。一个做传统餐饮业的公司想转型做一家投资公司，没有足够的专业人才，其结果只有等死。